Irgendwie Anders

Printausgabe, erschienen 2018
2. Auflage

Erstauflage, erschienen 2012

ISBN: 978-3-95949-218-8

www.main-verlag.de
www.facebook.com/MAIN.Verlag
order@main-verlag.de

Umschlaggestaltung: © Juliane Schneeweiss
Hintergrundbild: © depositphotos.com/hunthomas / 9369713
© COLOURBOX / 7803913

Druck: AAVAA Verlag UG

Bibliografische Information der Deutschen Nationalbibliothek:
Die Deutsche Nationalbibliothek verzeichnet diese Publikation in der Deutschen Nationalbibliografie; detaillierte bibliografische Daten sind im Internet über http://dnb.d-nb.de abrufbar.

Chris P. Rolls

Irgendwie Anders

Gay Erotic Romance

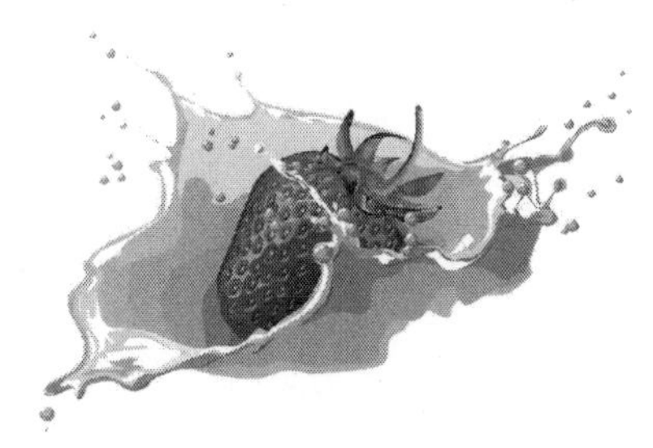

Inhalt

Eine blöde Wette

Es war eigentlich eine echt dämliche Wette. Eine von der Art, wie sie nur in halb besoffenem Zustand unter Kumpels entstehen konnte. Aber eben eine Wette unter Ehrenmännern und als solche verstehen Alex und ich uns. Und es ging auch um etwas: um ein funkelnagelneues Auto. Wenn ich es schaffe, hat Alex dieser verrückte Spinner, mir tatsächlich ein Auto als Wetteinsatz angeboten.

30 Kerle in 30 Tagen. Einen Monat lang jeden Tag einen anderen.

Keine Unterwäsche oder benutzte Kondome als Beweis. Nein, aufs Ehrenwort hin. Und auf mein Ehrenwort ist absolut Verlass, dass weiß nicht nur Alex.

Eine wirklich bescheuerte Wette eigentlich. Weiß der Teufel, was mich da geritten hat. Wenn jedoch ein Alexander Rotkamp dich an den Eiern der Ehre packt, dann kneift man nicht. Die Idee mag hirnrissig sein, dennoch hatte ich verdammt noch mal vor, diese Wette zu gewinnen. Schließlich ging es hier um meinen Ruf.

Alex ist der Sexgott schlechthin, der hat ganz bestimmt keine Probleme, jede Nacht mehr als einen Typen aufzureißen. Und ich auch nicht, ich werde es ihm beweisen, denn 30 in 30 Tagen hat er noch nie geschafft.

Okay, ja, ich mag Sex. Ich habe viel Sex. Und ich mache es nie zweimal. Schon seit über fünf Jahren nicht mehr. Ich brauche keine feste Beziehung. Die Letzte hat mir endgültig gereicht, auch wenn es nur zwei Monate waren. Zu viel Herzschmerz. Muss ich nicht wieder haben. So ist es viel besser.

Ich liebe Herausforderungen beinahe so sehr, wie Alex das Wetten liebt. Ein Spieler ist er, durch und durch. Und eben mein Kumpel.

Nun ja, wir haben den 13. und ich habe es bereits auf vierzehn gebracht, liege also sogar schon vor meinem Etappenziel.

Heute ist Freitag und vor mir liegt ein neues Wochenende. Die Wochenenden sind besonders praktisch, da ist die Auswahl größer, mal ganz abgesehen von der Bereitschaft der Typen, sich flachlegen zu lassen. Unter der Woche gestaltet es sich weitaus schwieriger.

Ein ganzes Wochenende auf der Jagd. Mal sehen, was es mir so bringt. Im Moment sieht es auf jeden Fall eher schlecht für mich aus.

Ich bin auf einer Jugendparty gelandet. Arne, ein guter Freund von mir, hat mich eingeschleust. Sieht leider so aus, als ob hier vorwiegend Heteros herumlaufen. Außerdem ist das alles ganz schön junges Gemüse. Die meisten sind unter zwanzig, würde ich schätzen.

Das einzig Gute ist bislang die Musik und natürlich das Büfett, für das Arnes Cateringfirma zuständig ist.

Und dieser süße, kleine Typ, der da drüben ganz alleine am Zaun steht und immer mal wieder neugierig zu mir herüber schielt.

Er sieht wirklich annehmbar aus. Ein feines Gesicht mit lustigen Sommersprossen auf Nase und Wangen. Dunkelblonde, struppige Haare. Nicht sehr groß und ziemlich schmal gebaut, vielleicht gerade mal 170 Zentimeter. Er trägt ein hellblaues T-Shirt und enge Jeans, die mich vermuten lassen, dass er auch ohne Kleidung ganz nett aussehen würde. Ich mag schlanke Typen.

Ob er wirklich Interesse hat? Er ist ziemlich jung. Und selbst wenn, vermutlich noch Jungfrau.

Nein, so etwas brauche ich nicht. Ich suche mir lieber einen Mann, der weiß, was ich von ihm will: *Sex*. Und zwar nur Sex. Keine leidigen Diskussionen, kein Rumgeknutsche, keine Liebesschwüre. Purer, reiner, lustvoller Sex.

Ich verdrehe noch im Nachhinein die Augen, wenn ich an den von gestern Abend denke, der mit mir doch echt diskutieren wollte, wer oben oder unten liegt.

Meistens habe ich ja ein gutes Auge für die richtigen Männer. Ich nehme mir möglichst einen potenziellen Bottom mit. Maximaler Spaß für mich ohne viel Aufwand. Ich bin schließlich ein Kerl. Also will ich auch was wegstecken dürfen. Entweder sie akzeptieren es, oder das war es. Ich brauche da echt keine langen Diskussionen drüber.

Okay, schließlich hat auch Mister Ich-Ziere-Mich von gestern es eingesehen. So wirklich toll war der eh nicht. Aber darum geht es ja im Moment auch gerade nicht. Er war halt meine Nummer vierzehn.

Heute bin ich auf der Suche nach Nummer fünfzehn,

und auch wenn der Kleine da drüben mir schon gefallen würde, suche ich besser nach einem anderen.

»Hey, Mark. Na, schon was Passendes gefunden für heute Abend?« Arne reißt mich aus meinen Überlegungen. Ich glaube, er weiß nichts von der Wette. Das war immerhin eine Sache zwischen Alex und mir. Außer einer Nacht mit heißem Sex hat Arne mit Alex sonst keine nähere Bekanntschaft gemacht, obwohl er von unserer Freundschaft weiß.

Allerdings ist es Wochenende und natürlich bin ich da immer auf der Jagd. Wie viele andere auch, dass weiß Arne nur zu gut.

Er war auch mal eins meiner Opfer für eine Nacht. Und bei ihm habe ich mir tatsächlich den Namen merken können. Jedoch nur, weil er mir später noch ein paar Mal in den Clubs über den Weg gelaufen ist. Es ging ihm vielleicht zunächst um eine Wiederholung, doch seither sind wir irgendwie miteinander befreundet. Eventuell war er etwas in mich verliebt? Wahrscheinlich eher in Alex. Viele verknallen sich in Mister Wonderful und schlagen hart in der Realität auf.

Arne ist achtundzwanzig und hat schon eine eigene kleine Firma: einen gut laufenden Laden im Univiertel Hamburgs. In seinem Bistro verkauft er Bagels in allen Variationen und am Wochenende macht er den Partyservice auf diversen Festen.

Deshalb schmeckt das Essen hier auch so gut. Das gefällt mir an der Party. Und der Kleine da drüben schaut schon wieder keck zu mir herüber.

»Ist ja nicht so viel Auswahl. Alle ziemlich jung. Da gehe ich wohl später besser noch auf die Piste«, brumme ich und linse vorsichtig zum Zaun hinüber, aber nun schaut der Kleine in die andere Richtung.

Ist er nun oder ist er nicht? So oft, wie ich schon seinem Blick begegnet bin, muss er wohl an mir interessiert sein. »Ganz schön jung? Klar, du Oldie! Wohl kaum. Die meisten sind um die zwanzig, das dürfte doch noch gerade in dein Beuteschema passen«, vermutet Arne belustigt.

»Ja, okay. Leider überwiegend Heten«, brumme ich zurück.

Hat er schon wieder herübergeschaut? Der Kleine hat ein Glas Cola in der Hand und steht da im Prinzip schon ziemlich lange alleine herum. Keine Freundin? Und scheinbar auch nicht mit vielen hier auf der Party befreundet.

»Der ist ja total süß«, meint Arne anerkennend. Er ist meinem Blick gefolgt.

Oh verdammt. Ich brumme unwirsch etwas vor mich hin.

»Wirklich. Der ist verdammt süß. Eigentlich aber nicht ganz dein Typ oder?« Arne mustert den Kleinen ausgiebig und seufzt achselzuckend: »Außerdem ist er schon vergeben.«

Ich schaue ihn verwirrt an.

»Wie kommst du darauf?«, frage ich stirnrunzelnd nach.

»Schau doch hin.« Arne nickt hinüber. Tatsächlich kommt ein großer, gut aussehender und ordentlich bemuskelter Typ auf ihn zu. Er nimmt den Süßen sehr fest und vertraulich in den Arm. Der Kleine lässt sich dicht an ihn heranziehen und schaut ihn ziemlich verliebt an. Finde ich.

Verdammt. Gerade hatte ich überlegt … und nun kommt sein Macker einfach dazu. Er ist also wirklich schwul und leider vergeben.

Schöner Mist. Na besser so, als wenn ich was versucht hätte und abgeblitzt wäre. Zudem sieht sein muskelbepackter Freund nicht so aus, als ob ich mich mit dem anlegen sollte, auch wenn ich selbst kein Hänfling bin.

»Tja, süß ist er trotzdem. Ich mag ja Sommersprossen. Der hat was Britisches an sich«, sinniert Arne herum und inspiziert die beiden ohne Scheu. »Der andere Typ ist aber auch nicht gerade schlecht gebaut. Wahnsinn diese Nackenmuskeln. Und die Oberarme. Der sprengt fast sein Hemd. Sieht dir sogar ein bisschen ähnlich, der könnte mir gut gefallen.« Arne seufzt übertrieben auf.

Wo sieht der mir denn ähnlich? Stirnrunzelnd musterte ich den Muskelmacker. *Okay, vielleicht ein bisschen.* Dieselben kurzen, dunklen Haare, einiges an Muskeln kann ich auch vorweisen. Ansonsten ...

»Allerdings schaut es eindeutig nicht so aus, als ob er diesen sexy kleinen Freund mit irgendjemandem teilen wollte«, erkennt Arne glasklar.

Nein, wirklich nicht. Mister Muskelmann hält ihn fest im Arm, legt seine Hände besitzergreifend an den feschen Hintern. Jetzt beugt er sich vor und sie reiben verspielt ihre Nasen aneinander. Die beiden sehen sehr vertraut miteinander aus. Da, jetzt küsst er ihn sogar. Direkt auf den Mund. Scheint es sehr zu genießen, der Kleine. Er lächelt ihn an und verpasst ihm einen Knuff in den Bauch. Der andere Typ gibt ihm dafür einen Klaps auf den Hintern. Eindeutig junges Liebesglück.

»Ist eh ein bisschen zu wenig Kerl für mich«, höre ich mich sagen. Das Seufzen verhallt in der Kehle.

Arne lacht: »Du bist doch sonst nicht so wählerisch, Mark. Erzähl mir nichts.« Stimmt schon. Gefallen hätte mir der Kleine schon. Egal, dann eben nicht. Ich sollte mich besser auf die Piste begeben. Vielleicht kann ich ja noch woanders was Nettes aufreißen.

»Okay, ich mache mich dann mal auf den Weg. War trotzdem eine klasse Idee, mich hier einzuladen. Hat sich wegen deinem leckeren Essen schon gelohnt.«

Arne lächelt geschmeichelt. »Gern geschehen. So ernährst du dich wenigstens nicht nur von Dönern und McDonalds. Du solltest aufpassen, dass du nicht irgendwann einen Bierbauch bekommst. Darauf stehen die wenigsten Männer.« Freundschaftlich knufft er mich in die Seite.

Ich grinse ihn triumphierend an.

»Fitnessstudio, Arne. Würde dir auch gut tun. Nichts da mit Bauch«, erkläre ich und klopfe mir bezeichnend drauf.

Arne seufzt niedergeschlagen: »Bei deinem Körper lohnt sich das wohl, aber bei mir werden da nie Muskeln draus. Keine Chance.«

Ja, da hat er wohl Recht. Er ist halt eher der schmächtige Typ. Nicht, dass er schlecht aussieht, sonst wären wir nicht im Bett gelandet, allerdings ist er eher so ein typischer Bürotyp.

»Michael steht auch so auf mich«, meint er zufrieden.

Stimmt ja. Hatte ich fast vergessen. Er ist aktuell in festen Händen. Der Name seines Lovers ist mir allerdings schon wieder entfallen.

Auch so ein Bürotyp, ein Bankangestellter. Ich habe ihn ein oder zwei Mal gesehen. Der zieht seinen Anzug nie aus, glaube ich. Vielleicht im Bett, sicher wäre ich mir bei dem jedoch nicht. Der ist mir zu steif. Arne scheint sein Gehabe allerdings zu mögen.

Vier Monate sind sie schon zusammen. Mich schüttelt es. So lange immer mit dem gleichen Typ? Wo ist denn da der Spaß? Das muss doch irgendwann unglaublich langweilig werden. Irgendwann hat man alle Stellungen durch. Aber okay, wenn es Arne gefällt. Jedem das seine.

»Hey!«, Arne stößt mich plötzlich erneut in die Seite. »Schau mal. Jetzt ist der Kleine wieder alleine. Scheint fast so, als ob sein Freund noch was Besseres für heute gefunden hat.« Arne lacht spöttisch und deutet hin.

Tatsächlich, der große Macker ist zum Büfett gegangen und quatscht dort mit einem von Arnes Jungs. Keine Ahnung wie der heißt. Ich glaube fast, ihn hatte ich auch schon mal. Kann mich nicht wirklich daran erinnern. Aber der flirtet ganz offensichtlich mit dem Muskelpaket.

Mein Blick geht zum Zaun zurück. Der Kleine steht jetzt etwas verloren herum und schaut seinem Freund zu. Sein Gesichtsausdruck ist schwer zu deuten, allerdings kann ich mir denken, was ihm durch das hübsche Köpfchen geht. Ganz offensichtlich schleppt sein Freund vor seinen Augen gerade einen anderen Typen ab.

Noch während ich ihn musterte, dreht er den Kopf und blickt in meine Richtung. Und wendet sich sofort hastig ab, als sich unsere Blicke treffen. Er tut so, als ob er an seiner Cola nippt, und lächelt dabei ein wenig versonnen.

»Er schaut eindeutig zu dir hin. Vielleicht hat er ebenfalls Lust auf ein Abenteuer? Sein Freund ist auf jeden Fall bald mit Bernd sehr beschäftigt. Der lässt selten was anbrennen. Du kannst es ja mal versuchen«, flüstert mir Arne schmunzelnd zu und ist gleich darauf verschwunden, weil einer der anderen Kellner ihm zugewunken hat.

Mister Muskelmann legt tatsächlich gerade Arnes Angestelltem seine Hand auf den Hintern und das vor den Augen seines kleinen Freundes. Sie brauchen nicht lange.

Kurz schaut dieser Bernd sich um, nickt und dann verschwinden sie auch schon.

Ich bleibe stehen und sehe noch einmal verstohlen zu dem Kleinen hinüber. Der hat alles mitbekommen. Klar, war ja direkt vor seinen Augen. Seine Reaktion kann ich schlecht deuten. Er steht da weiterhin nur herum, sein Glas ist allerdings noch immer halb voll.

Arne hat doch im Grunde Recht. Einen Versuch wäre es wert. Vielleicht leben sie in einer Art offenen Beziehung? Eventuell hat er ja auch mal Lust auf was anderes, als seinen großen Typen. Und er sieht definitiv nach einem Bottom aus. Bei dem Macker hat er bestimmt kaum eine andere Wahl. Ich kann mir beim besten Willen nicht vorstellen, dass der jemals unten liegen würde.

Da gäbe es vermutlich keine Diskussionen und wir kommen einfach und schnell zum Thema. Ach, was soll es, die Pirsch beginnt.

Ich stoße mich vom Treppengeländer ab und schlendere strategisch geplant zum Büfett, beobachte ihn aus dem Augenwinkel.

Sein Glas hat er kaum angerührt. Ganz alleine steht er da und behält mich die ganze Zeit im Blick.

Ich bleibe am Büfett stehen und nehme mir zwei Häppchen mit, dann begebe ich mich auf die Jagd. Mein Herz klopft im Jagdfieber und ich gehe direkt auf ihn zu. Unruhig schaut er sich um, weicht nicht aus, selbst als ich mich lässig neben ihn an den Zaun lehne und ihn geradewegs musterte. Von den Turnschuhen, über die Jeans, das T-Shirt, welches den flachen Bauch bedeckt, hoch zu seinem Gesicht. Sehr groß ist er wirklich nicht, geht mir gerade mal bis zur Brust.

Unsicher blickt er mich an und ich reiche ihm einfach eins der Häppchen.

»Na, Lust auf was Leckeres?«, frage ich ihn, schiebe dabei die Zunge in die Unterlippe und inspiziere ihn unverhohlen lüstern.

Oh ja, einen sexy Körper hat er. Ziemlich lange Beine. Und sieht recht sportlich aus. Diese Haare fordern mich geradezu heraus, hindurchzufahren.

Etwas überrascht schaut er mich an.

»Hm, danke«, sagt er scheu, nimmt jedoch das Häppchen. Ich rücke etwas näher an ihn heran, sodass er meine Nähe deutlicher spüren kann. Erst sieht es so aus, als ob er ausweichen will, aber er bleibt stehen.

Gut so.

»Das Essen ist das schärfste an der Party«, stelle ich fest. »Ansonsten ziemlich langweilig findest du nicht?« Er zuckt zusammen, als ihm klar wird, wie nahe ich schon neben ihm stehe. Unsere Oberschenkel berühren sich fast, die Hüftknochen sind schon auf Tuchfühlung gegangen.

Ich bin ganz in meinem Element. Diese herrlich prickelnde Spannung ist es, die ich an der Jagd so liebe. Man kann sie fast greifen. Ich rieche ihn, spüre seine Aufregung.

Er sagt nichts, schaut starr geradeaus und hat das Häppchen nicht einmal angerührt. Alles an ihm ist auf mich konzentriert, auf jede Kleinigkeit, die ich sage oder tue. Aktion und Reaktion.

Okay, dann versuche ich es einfach mal. Ich lehne mich weiter herüber, sodass mein Mund ganz dicht an seinem Ohr ist und ich ihm meine Worte hineinflüstern kann. Erst mal lasse ich aber nur meinen Atem über seinen Nacken streichen. Das reicht aus. Er spannt seinen Körper kaum sichtbar an. Ich glaube, ich kann sein Herz schlagen hören. Ich habe Witterung aufgenommen und ja, er riecht gut. Nach schönem, unkomplizierten Sex. Mein Lächeln ähnelt wohl dem eines Raubtiers.

»Ich wüsste da was Aufregenderes anzustellen«, hauche ich ihm ins Ohr. Ganz leicht schaudert er, die Cola im Glas gerät in Unruhe. *Klasse. Die Falle ist offen, er muss nur noch hineintreten.*

»Mit dir.« Mehrfach schluckt er und wird entzückend rot.

»Komm doch mit. Ich wohne ganz in der Nähe«, raune ich und nähere mich ihm noch mehr, sodass meine Schulter ihn gerade so eben berührt. Ich muss an mich halten, dass ich nicht offen grinse, denn er sieht so aus, als ob er gleich sein Glas fallenlassen würde.

Ich bin ziemlich sicher, so oft hat ihn noch kein anderer Mann angemacht. Wundert mich nicht bei dem Freund. Mit dem will sich bestimmt keiner anlegen. Aber der ist ja jetzt weg und beschäftigt. Und ich habe da keinerlei Skrupel. Das macht die Jagd ja erst richtig aufregend.

Der Kleine zögert noch. Ringt er mit sich, ob er seinen Freund betrügen soll oder nicht? Aber der ist ja gerade vor seinen Augen mit dem anderen Typ abgehauen. Da dürften meine Chancen doch nicht so schlecht stehen.

Ich setze noch einen drauf. Mal schauen, wie er reagiert.

»Oder bist du etwa schon vergeben?«, frage ich leise nach und streiche dabei ganz leicht über seinen Oberschenkel, lege etwas Bedauern in die Frage und viel Verlangen. Nur eine flüchtige, fast zufällige Bewegung, doch natürlich erzielt sie immer die richtige Wirkung. Auch dieses Mal.

Abrupt dreht er sich zu mir um und schaut mich direkt an. Er zögert, seine Lippen zittern ganz fein. Noch ringt er mit sich, zaudert vor dem letzten Schritt. *Komm schon, komm, es ist ganz einfach,* locke ich ihn gedanklich.

»Nein … also … eigentlich nicht«, erklärt er leise und senkt schüchtern den Blick. *Hey, Kleiner, eine nette Lüge. Aber hier ist deine Chance. Dein Freund hat sich schon einen Fick geangelt und ich bin deine Alternative.*

Er öffnet etwas den Mund und ihm entkommt so etwas, wie ein Seufzen: »Okay.« Abermals schaut er zu Boden. *Bingo, Falle zugeschnappt. Klappt immer.*

Zufrieden nicke ich ihm zu und wende mich Richtung Ausgang. Ich werfe noch kurz einen Blick zurück. Er blickt sich etwas verwirrt um. Noch immer hält er das Häppchen in der einen und das Glas Cola in der anderen. Schließlich gibt er sich einen Ruck und stellt das Glas einfach auf die Erde. Das Häppchen stopft er sich in den Mund und kaut mit vollen Backen, während er mir eilig folgt.

Ich muss verstohlen grinsen. Er gefällt mir. Das wird ein toller Abend.

In der Falle

Wortlos läuft er neben mir her. Gibt ja auch nicht viel zu reden. Er weiß, was ich von ihm will und ich weiß, was er will. Das ist der Deal für ein bisschen Spaß.

Ich wohne zum Glück wirklich keine fünf Minuten weg. Rasch sperre ich die Haustür auf und lasse ihm den Vortritt.

»Zweiter Stock«, brumme ich, als er im Treppenhaus zögert. Schweigend steigen wir die Treppen hinauf und ich nicke hin zur linken Tür, trete auch vor, um aufzuschließen. Ich gehe dabei bewusst dicht an ihm vorbei und streife seine Hand. Er ist sichtlich aufgeregt, seine Hände wandern von den vorderen Hosentaschen in die hinteren und zurück.

Kommt wohl wirklich nicht oft vor, dass er mit einem anderen Typ loszieht. Na, bei dem Freund sollte er auch vorsichtig sein, wenn der eifersüchtig wird. Aber der ist höchstwahrscheinlich schon sehr beschäftigt und was er nicht weiß, macht ihn nicht heiß. Mich macht der Kleine hingegen schon ziemlich heiß.

»Komm rein. Das Schlafzimmer ist links«, weise ich ihn an, als ich die Tür aufhabe und er erneut zögert. Er wirft noch einen unentschlossenen Blick ins Treppenhaus und tritt ein. *Falle zugeschnappt. Kein zurück mehr ab hier, Kleiner.*

Ich öffne die Schlafzimmertür und warte gar nicht, ob er mir folgt. Tut er dennoch, denn ich höre, wie er brav die Tür hinter sich schließt.

Routiniert nehme ich mein Handy und Portemonnaie aus der Hose und lege es mit dem Schlüssel neben das Bett auf den Nachttisch.

Er steht immer noch etwas unschlüssig herum und schaut sich neugierig um. Offensichtlich noch nervöser als vorher. Ich ziehe kurz den Mundwinkel hoch. *Zu spät abzuhauen, Kleiner.*

Provozierend langsam ziehe mein Hemd aus und genieße, wie er mir aus geweiteten Augen dabei zusieht. Ihm wird wohl gerade erst wirklich klar, was er hier macht. Ich grinse belustigt. Viel Erfahrung mit anderen Männern hat der wirklich nicht.

»Na los«, fordere ich ihn auf. »Zieh dich aus. Worauf wartest du?«

Er schluckt hart und will etwas sagen, verschließt jedoch den Mund und zuckt die Schultern. Brav beginnt er sich auszuziehen.

Ich beobachte ihn genau. Erst verschwindet das T-Shirt. Der Oberkörper nur wenig behaart, ein flacher Bauch, sehr sportlich und seine eher schmale Figur törnt mich unerwartet stark an. Ein typischer Twink.

Nun hockt er sich hin und zieht sich Schuhe und Socken aus. Er macht das langsam und schaut mich dabei nicht an.

Ich habe meine Schuhe derweil in die Ecke gepfeffert, ich trage keine Socken. Jetzt hebt er doch den Kopf und leckt sich flüchtig über die Lippen.

Während ich meine Hose öffne und ihn bewusst zuschauen lassen, kann er gleich entdecken, dass ich auch keine Unterhose trage. Ich sehe ihn auffordernd an und lasse die Hose extra halboffen stehen, sodass er meine Schamhaare sehen kann, mehr jedoch noch nicht.

Seine Bewegungen sind ein wenig fahrig, der Adamsapfel hüpft unter den Schluckbewegungen.

»Na los, mach schon.« Ich klinge etwas ungeduldig. Bin ich ja auch. Schließlich will ich ihn nackt sehen. Mal sehen, was er so zu bieten hat.

Zum wiederholten Mal zuckt er zusammen, öffnet jedoch sofort seine Jeans. Darunter kommt eine hellblaue Unterhose hervor. Nichts Besonderes. Bestimmt würde er in engen Pants total geil aussehen, aber das weiß er anscheinend nicht.

Endlich lässt er die Jeans zu Boden gleiten und ich mustere ihn weiter herausfordernd. Etwas schüchtern scheint er zu sein. Na gut, komme ich ihm mal entgegen. Mit einem Ruck ziehe ich meine Hose herunter und trete sie von mir.

Jetzt hat er wenigstens was zu sehen. Und natürlich schaut er genau hin. Sicher, ich bin nicht spektakulär groß, brauche allerdings auch nichts zu verstecken und mein Schwanz ist auch schon mehr als halbsteif. Das sieht er natürlich sofort. Die Röte auf seinen Wangen ist köstlich. Ganz eindeutig ist er keiner, der viel Erfahrung hat.

Etwas zu schnell wendet er den Blick ab und streift sich entschlossen seine Unterhose herunter. Ich starre ihn unverhohlen an und mir gefällt durchaus, was ich sehe. Sein Körper gefällt mir immer mehr und auch unten rum ist er durchaus gut ausgerüstet. Seiner ist ebenfalls auf dem Weg nach oben, noch nicht ganz so viel wie meiner.

Ist ja auch egal. Ich will ihn so schnell wie möglich unter mir haben. Meine Vorfreude und Erregung wächst. Kommen wir endlich zur Sache, kein langes Rumspielen mehr.

»Na komm«, fordere ich ihn auf und nicke zum Bett hin. »Leg dich schon hin.« Er gibt sich einen Ruck und kommt zum Bett. Ich habe mich halb auf die Kante gesetzt, ein Bein lässig auf dem Bett ausgestreckt, streichle mich und beobachte ihn genau, während er herankommt, kurz zögert und sich ebenfalls aufs Bett setzt.

Noch einmal bewundere ich seinen perfekten Körper. Unglaublich sexy. Diese helle Haut mit den Sommersprossen auf der Schulter. Seine dunklen Brustwarzen, die verlockend abstehen. Sieht einfach geil aus. Er macht mich wirklich scharf, das hat schon lange keiner nur mit seinem Anblick geschafft. Heute ist ein echt guter Tag.

»Am besten von hinten. Leg oder knie dich hin, mir egal.« Rasch hangle ich in der Schublade nach Kondomen und Gleitgel.

Diese Wette hat meinen Verbrauch rasant in die Höhe getrieben. Nach Nummer 15 muss ich dringend meine Vorräte aufstocken.

Er sitzt noch immer einfach nur da, als ich mich umwende und schaut mich mit großen Augen an.

»Was ist?«, frage ich leicht gereizt. Nicht wieder irgendwelche Diskussionen. Aber der Kleine ist nie im Leben ein Top. Keine Chance.

»Ich …«, fängt er stockend an. »Äh … das geht mir etwas zu schnell.« Unsicher schaut er mich von unten an.

Ach herrje, was will er denn noch?

»Wo liegt dein Problem?« Ich höre mich genervt an und bin es auch. »Du wolltest Sex und ich will Sex, also was ist nun?«

»Na ja«, beginnt er mit leiser Stimme und quetscht hervor: »Schon. Aber … ich … halt nicht … so.«

Ich rolle mit den Augen und frage ihn direkt: »Wie dann?« Wenn er partout auf dem Rücken liegen will, von mir aus.

»Ich weiß nicht …«, erklärt er noch immer sehr leise und blickt mich mit diesen großen Augen an. *Na große Klasse.*

»Also, leg dich einfach auf den Bauch und lass uns zur Sache kommen«, antworte ich und stehe auf. Ich lege das Gel aufs Bett und reiße das Kondom schon auf.

»Aber …«, fängt er wieder an. Oh nein, was soll das denn jetzt? Hat er Skrupel bekommen, oder was? Mir geht die Geduld aus.

»Hör zu: Du bist ein Kerl, ich bin ein Kerl. Da müssen wir doch nicht lange drum rum machen, oder?«, schnauze ich ihn so hart an, dass er zurückzuckt.

»Du bist schließlich kein Mädchen«, füge ich ruhig und abfällig hinzu.

Kurz funkelt er mich verärgert an.

»Ach, bei einem Mädchen ist das was anderes?« Beinahe schon herausfordernd sieht er mich an. »Da würdest du dir mehr Zeit lassen?«

»Na ja«, lenke ich genervt ein, »Da geht es ja auch nicht nur um … nun eben Sex.«

Verdammt. Was will er denn? Wir wollen doch schließlich nur ein bisschen Druck abbauen und Spaß haben, warum der Aufstand?

»Aber du bist definitiv kein Mädchen. Sonst wärst du nicht hier. Also ich will dich ficken und du wolltest es doch auch, also leg dich einfach hin und wir tun es«, bringe ich es auf den Punkt.

»Ich … so will ich es nicht … machen«, erklärt er etwas entschlossener.

»Was hast du dir denn dann vorgestellt? Vorher noch lange Rumknutschen, oder was?«, fahre ich ihn wütend an. Ich bin hier doch nicht in irgend so einem Liebesfilm, wo wir stundenlang kuscheln müssen, nur um einen wegzustecken.

»Nein. Ich … ich weiß auch nicht, eben nicht so …«, sagt er ziemlich leise, steht auf und hangelt nach seiner Unterhose.

Zornig schleudere ich das offene Kondom auf den Boden und schaue zunehmend wütender zu, wie er sich die Hose anzieht. Der will doch jetzt nicht wirklich gehen? Ich glaub ich spinne. Ich sitze hier mit einem ordentlichen Steifen, er zeigt mir seinen verführerischen Körper, macht mich erst heiß und verschwindet dann, bevor wir zur Sache gekommen sind? Der hat sie doch nicht alle.

»Hey, wo willst du denn jetzt hin?« Er greift nach seiner Jeans.

»Ich gehe«, erklärt er schlicht. Mir platzt der Kragen. Erst kommt er absolut willig mit und nun macht er einen Rückzieher? *Nicht mit mir Freundchen, dazu sind wir schon zu weit.* Ich will ihn wirklich haben. Er ist viel besser, als alle davor. Scheiße Mann, ich bin total geil auf ihn.

»Du gehst nirgends hin. Erst den ganzen Aufwand und dann haust du einfach ab. Nein, mein Kleiner, so leicht kommst du hier nicht raus. Nicht bevor ich mein Vergnügen hatte«, raunze ich ihn an und gehe zur Tür. Ich drehe den Schlüssel und ziehe ihn ab. Zurück am Bett nehme ich Platz und starre ihn an.

Er schaut erschrocken drein, sogar die Jeans hat er fallen gelassen. Als ich den Schlüssel in die oberste Schublade des kleinen Schränkchens lege, rafft er schnell seine Sachen zusammen.

Ich drehe mich um und schaue ihn herausfordernd an. Er hat seine Klamotten wie ein Mädchen an sich gepresst und schaut furchtsam aus.

»Bitte lass mich gehen. Ich will das nicht … so«, bringt er hervor. Seine Stimme zittert etwas.

Ich schüttle den Kopf. So leicht lass ich ihn nicht davonkommen. Dazu bin ich zu heiß und er einfach viel zu attraktiv. Ich will ihn. Jetzt. Mein Schwanz hat das Denken übernommen.

»Du gehst nirgends hin, Kleiner«, erkläre ich sehr bestimmt und nicke zum Bett. »Leg dich endlich hin und hör auf mit dem Gezicke. Du wirst es nicht bereuen.«

Er schüttelt den Kopf und weicht rückwärts zur Tür, seine Sachen noch immer fest an sich gepresst.

»Lass mich bitte gehen«, stößt er abermals hervor. Seine Stimme ist tatsächlich schrill. Er hat offensichtlich Angst bekommen. Ich bin allerdings viel zu wütend, als dass es mich kümmern würde. Er wollte doch auch, also hat er sich selbst in die Scheiße geritten.

Ich schüttle noch einmal den Kopf, stehe auf und gehe auf ihn zu.

»Komm endlich her«, befehle ich und beobachte mit einer gewissen Genugtuung, wie er erschrocken zusammen fährt. Er weicht weiter vor mir zurück, schüttelt stumm den Kopf und starrt mich mit diesen riesigen Augen an.

Mir reißt endgültig der Geduldsfaden. Erst gestern dieser blöde Typ und dann heute diese kleine Mimose. Wer bin ich den? Dann eben anders.

Ich greife ihn grob am Arm und ziehe ihn zu mir heran. Er keucht erschrocken auf, lässt seine Sachen fallen und hebt abwehrend die Arme hoch, als ob ich ihn schlagen wollte.

»Nein!«, ruft er und fängt in meinem Griff doch glatt zu zittern an. Kräftemäßig ist er mir absolut nicht gewachsen. Ich ergreife auch den anderen Arm und drücke ihn hart gegen die Wand, fixiere ihn mit einem Arm quer über der Brust und meinem Körper. Meine freie Hand greift entschlossen in seine Hose, tastet nach seinem Glied. *Verdammt, er ist ein Mann, er soll sich nicht so anstellen.*

»Stell dich doch nicht so blöd an«, zische ich ihn an. »Man könnte ja meinen, es wäre dein erstes Mal! Es ist doch nur Sex. Nichts weiter.«

Er windet sich unter mir. Sein Atem geht hektisch, ich kann sein wummerndes Herz spüren. Er hat echt Angst, Panik im Blick. Dann blinzelt er und prompt sammeln sich Tränen in den Augen. Der heult mir doch hier jetzt nicht los, oder?

Doch tut er. Langsam rollen ihm Tränen die Wange hinunter und ich begreife es endlich, wenn auch reichlich spät.

»Ach du heilige Scheiße!«, stoße ich hervor und lockere meinen Griff.

»Das ist echt dein erstes Mal?«, frage ich ihn verblüfft. Habe ich mich dieses Mal so getäuscht? *Oh je, eine Jungfrau.*

Er antwortet nicht, die Tränen quellen umso heftiger aus seinen blauen Augen, die sind Antwort genug.

Oh Mann, ich Idiot. Wieso habe ich das nicht gemerkt? Aber der muskulöse Typ, auf der Party? Er sah so vertraut mit dem aus, da bin ich selbstverständlich davon ausgegangen, dass er weiß, wie das Spiel gespielt wird. Und er ist doch mit mir mitgekommen? Er wusste doch worum es geht. Oder etwa nicht?

Verdammt. Nun heult er auf jeden Fall. Sein hübscher Körper zittert immer noch. Meine Wut ist plötzlich völlig weg. Er tut mir gerade echt leid. Er sieht so verletzlich und unglücklich aus.

Oh Scheiße, was habe ich da angerichtet.

»Hey, ist ja schon gut, Kleiner.« Meine Stimme klingt rau und ich löse meinen Griff ganz. »Hey, ist ja okay.«

Verdammt, was mache ich denn jetzt mit ihm? Der heult immer noch.

Er steht an der Wand, den Blick gesenkt und die Tränen tropfen ihm vom Kinn auf die nackte Brust. Selbst als ich endlich zurücktrete. Er hat die Arme um seinen Oberkörper geschlungen und zittert.

Ich Vollidiot. Was hatte ich da eigentlich gerade vor? Ich hätte ihn fast mit Gewalt ins Bett gezwungen. Habe ich den Verstand verloren? Bin ich den völlig irre?

»Hey, Kleiner«, versuche ich es erneut und gehe in die Knie um seinen Blick einzufangen.

»Ist schon okay. Ich will ja nichts mehr von dir. Tut mir leid. Wirklich.«

Oh Mann und er sieht immer noch so verdammt scharf aus. Wie die Tränen ihm über die nackte Haut rollen, direkt über seine Brustwarzen. Ein paar glitzern in den Brusthaaren. *Scheiße.* Ich werde dabei beinahe wieder hart. Was mache ich jetzt nur?

Instinktiv strecke ich meine Hand aus und hebe ihm das Kinn ganz leicht an. Streiche ihm mit dem Daumen eine Träne von der Wange. Es erscheint richtig.

»Ist doch okay. Muss dir nicht peinlich sein. Ich war … echt ein Arschloch. Sorry. Tut mir wirklich leid. Nun hör schon auf, Kleiner«, stammle ich hilflos und klinge dabei sehr lächerlich.

Die andere Hand lege ich ihm in den Nacken und streiche weiterhin mit dem Daumen der rechten die Tränen fort. Er weicht nicht aus, sieht mich nur unsicher aus diesen irre blauen Augen an. Sie sind wirklich blau. Strahlend blau sogar. Ist mir vorher nicht aufgefallen.

Er schnieft und kämpft darum, die Tränen zurückzudrängen. Sein Blick geht mir durch und durch. Ich weiß nicht warum, aber ich beuge mich vor und küsse ihn. Ganz zart auf die Wange.

Er hält still und ich setze gleich einen hinterher. Und noch einen. Küsse ganz langsam seine Tränen fort.

Scheint zu funktionieren, denn er hebt den Kopf und starrt mich verblüfft an. Seine Lippen sind ganz nah an meinen und ich kann nicht anders und küsse ihn direkt darauf. Es ist weich und unglaublich angenehm, weil er sofort den Mund öffnet und mir entgegenkommt.

Sein Zittern hört auf und auch die Tränen sind fast alle weg. Ich fühle, wie er sich weich an mich lehnt. Unglaublich, wie gut er riecht. Und diese weichen Haare …

Wow. Das ist irgendwie … echt klasse. Mein Unterleib reagiert noch immer auf seinen schlanken Körper. Er scheint sich unter meinen Küssen immer mehr an mich zu schmiegen. Seine Hände berühren mich ganz sanft an der Seite, als ob er sich nicht wirklich trauen würde, mich anzufassen. Seine Hände zucken vor und zurück.

Es ist total erregend, diese flüchtige Berührung. Meine Hand an seiner Wange gleitet zum Hals und streichelt sanft über seine Schulter. Er ergibt sich wirklich völlig in meinen Kuss.

Das kenne ich so gar nicht, fühlt sich jedoch viel zu gut an, als das ich es aufgeben möchte. Langsam löst sich auch meine andere Hand und streicht ihm über die Brust. Dann bewege ich beide Hände langsam tiefer und lege sie an seine schmale Taille. Er bebt bei der Berührung und ein ganz leises Stöhnen entflieht in meinen Mund.

Oh wow. So etwas Erotisches wie dieses Stöhnen habe ich noch nie gehört. Er scheint da echt gut zu reagieren, wenn ich ihn so anfasse. Dieses Stöhnen versetzte mir Stromschläge in den Unterleib, jagt wie ein Blitz in meinen Schwanz.

Vorsichtig gehe ich küssend tiefer, lecke über diese wahnsinnig verführerischen Nippel und lasse meine Hände hinten in seine Unterhose gleiten. Er reagiert mit einem leisen Keuchen und presst sich plötzlich an mich, kaum das meine Hände seinen Hintern umfassen.

»Scheint dir besser zu gefallen«, bringe ich stockend hervor und löse meinen Mund kurz von ihm. Er schaut noch immer etwas unsicher und ängstlich, aber sein Körper spricht eine klare Sprache.

»Du wirst ja hart«, schmunzle ich, puste vor ihm kniend meinen Atem über die Wölbung unter dem Stoff in seinem Schritt. Ein wenig erschrocken sieht er drein. Die Beule hingegen wächst.

Ich küsse ihn erneut, wandere über den Bauch wieder hoch. Seine Lippen laden mich ein, erwidern den Kuss. Langsam lasse ich meine Lippen über sein Kinn weiter wandern, über seinen Hals, die erstaunlich weiche Haut über seinem Schlüsselbein noch mal zur Brust. Meine Hände pressen ihn weiterhin gegen mich und ich knete seine Pobacken. Scheint ihm immer noch zu gefallen, den er legt den Kopf nach hinten.

Das fängt an, wirklich Spaß zu machen. Er reagiert überraschend fein auf meine Berührungen. Kenne ich sonst nicht so. Habe es auch wirklich lange nicht mehr auf diese Weise gemacht. Ewig nicht. Aber ist echt gut.

Ohne wirklich darüber nachzudenken, fasse ich fester zu und hebe ihn mir auf die Hüfte. Er schlingt nach kurzem Zögern seine langen Beine und Arme um mich. Noch ein Stromschlag für meinen Unterleib, besonders da sein Glied nun durch den Stoff der Unterhose gegen meinen Bauch drückt und sein duftender Körper derart dicht an meinem ist.

Er wiegt nicht viel. Kein Wunder bei der Größe. So kann ich ihn mühelos zum Bett tragen, ohne dabei aufzuhören, ihn zu küssen. Er küsst mittlerweile ziemlich leidenschaftlich zurück, bedeckt meinen Mund und Gesicht und wagt sich auch tiefer auf meinen Hals. Und seine Küsse sind – holla – auch nicht von schlechten Eltern. Weitere Schauer jagen durch meinen Körper. Wer hätte das gedacht?

Vorsichtig lege ich ihn aufs Bett. Das ist so gar nicht meine Art, irgendwie ist es allerdings gerade genau richtig. Ich will ihn jetzt nicht wieder verängstigen und seltsamerweise hat das hier einen sehr merkwürdigen Zauber bekommen.

Sekundenlang schaue ich ihn unschlüssig an. Wie er da so unter mir liegt … Unglaublich sexy. Sein Ausdruck wirkt ängstlicher. Rasch küsse ich ihn und knie mich über ihn.

Meine Erregung ist kein Geheimnis, sein Blick gleitet tiefer und er schluckt, als er mein erigiertes Glied sieht. Ich schiebe ihn höher und schiebe mich zwischen seine Beine. Es scheint so, als ob er etwas sagen möchte, aber ich bin schon wieder an seinen weichen Lippen zugange, gleite mit meinen Lippen zum Hals. Meine Hände streicheln über seine Seiten. Er reagiert mit einem wohligen Schauer und erneutem Stöhnen.

Dieses Geräusch macht mich total heiß. Wie sensibel er auf meine Hände reagiert!

»Mann du bist ja wirklich empfindsam hier«, stoße ich hervor und lasse meine Finger über seinen Oberkörper gleiten. Er lächelt tatsächlich. Und ich grinse zurück. Mir gefällt sein Lächeln. Seine Augen blitzen.

»Klappt das noch mal?«, frage ich mit tiefer, deutlich erregter Stimme und lasse meine Hand provozierend an seiner Seite entlang streichen. Tatsächlich. Er windet sich lustvoll, unterdrückt diesmal aber sein erotisches Stöhnen. Ich küsse ihn erneut und gestehe ihm mit vor Erregung heiserer Stimme: »Lass es mich ruhig hören. Das macht mich richtig an.« Und diesmal stöhnt er tatsächlich leise und sehr lustvoll. Mir rinnt ein heißer Schauer über den Rücken und mein Glied pocht plötzlich unvermittelt stark.

So etwas habe ich noch nie erlebt. Seit wann törnt mich ein Stöhnen an?

Seine Hände berühren mich zaghaft an der Brust, Finger fahren durch meine Haare, tasten sich über die Muskeln. So wirklich traut er sich noch nicht. Schmunzelnd greife ich nach seinen Händen und schiebe seine und meine in seine Unterhose. Das Stöhnen, das ich nun von ihm höre, als wir seinen harten Schwanz berühren, elektrisiert meinen ganzen Körper.

So scharf war ich schon lange nicht mehr. Es ist einfach fantastisch.

Ich löse meine Hände und streife ihm hektisch die Unterhose ab, um endlich freien Blick zu haben.

Er ist beinahe vollständig steif. Mein Atem geht flach, während ich ihn anfasse und die Vorhaut zurückschiebe. Die Eichel glänzt feucht. Seine Hände bewegen sich prompt in meinen Nacken und er zieht mich zu sich hinab. Abermals küsst er mich und jeder Kuss ist heiß und glühend auf der Haut.

Was macht er hier mit mir? So viel Lust habe ich schon lange nicht mehr gefühlt und dabei sind wir bisher noch nicht einmal sehr weit gekommen. Kommen wir auch nicht mehr, wenn er weiterhin so unglaublich erotisch stöhnt, dann komme ich alleine davon. Wie peinlich ist das denn?

Ich streichle über seine heiße Erektion, reibe mit dem Daumen über die empfindsame Eichel, koste von seinen Lusttropfen. Er bewegt sich unruhig, sagt nichts, schaut mich nur mit diesen tollen Augen an. Verrückt, aber ich könnte ihn dauernd küssen. Sein Mund ist zu verführerisch.

»Drehst du dich mal um?«, bitte ich ihn und als er sich verspannt, beruhige ich gleich darauf: »Keine Angst. Ich will eigentlich nur gerne sehen, ob du da genauso empfindlich reagierst.«

Er wirft mir noch einen unsicheren Blick zu. Gerade glaube ich, er wird es nicht tun, doch da dreht er sich langsam um, stützt sich mit den Unterarmen ab und blickt über die Schulter zu mir hin.

Oh ja, hier ist er ebenso empfindsam. Als ich mit den Händen über seinen Rücken fahre, drückt er diesen wohlig durch und wölbt mir den Hintern entgegen. Meine Hände im Übergang zu seinem Gesäß lösen abermals ein tolles Stöhnen aus. Ich muss echt an mich halten, weil es in mir regelrecht brodelt. Ich will ihn küssen, lecken, an ihm riechen, ihn inhalieren. Verrückt.

Mal sehen, ob …

»Was ist das?«, fragt er erschrocken nach.

»Meine Zunge«, keuche ich. Mit der ich gerade über seine Schulterblätter und in Kreisen tiefer fahre. Seine Arme zittern und er drückt den Kopf tief in die Bettdecke, unterdrückt ein weiteres Stöhnen. Er bebt stärker vor lauter Lust.

»Magst du es etwa nicht?«, hake ich neckisch nach.

»Doch. Das ist …«, stöhnt er, kann keine weiteren Worte herausbringen.

Ich grinse, das macht mir immer mehr Spaß. Er zerfließt fast vor Lust. Es ist genial, wie ich es steuern kann.

»Dachte mir doch, dass es dir gefällt«, flüstere ich mit belegter Stimme und arbeite mich zu seiner Spalte vor. Meine Hände wandern mit. Er drückt seinen ganzen Rücken nun nach unten durch und wirft den Kopf in den Nacken. Aber er bringt keinen Laut mehr hervor.

Meine Finger liegen auf seinem Hintern und ich werde mutiger. *Mal sehen, ob ihm das auch noch gefällt.*

Einen angefeuchteten Finger schiebe ich vorsichtig in seine Spalte, suche den empfindlichen Eingang und drücke dagegen und etwas hinein. Sofort krümmt er sich lustvoll zusammen und vergräbt sein Gesicht im Bett. *Okay, scheint dir auch zu gefallen.* Ich schmunzle vor mich hin.

Das ist so ganz anders, als wenn ich sonst Sex habe. Normalerweise mache ich nicht so viel herum, was der andere dabei fühlt, war mir ehrlich gesagt nie wichtig. Heute ist es wie ein Spiel und macht mir verrückterweise richtig Spaß. So befriedigend kann nur ein Vorspiel sein? Ich wundere mich gerade selbst.

Ich stoße den Finger tiefer hinein und bewege ihn ganz leicht. Erst krampft er ein wenig, dann öffnet er sich mir. Mein Herz pocht immer schneller. Er zittert unkontrolliert und seine Hände krallen sich in die Decke.

»Magst du das auch?«, frage ich nach. Eigentlich brauche ich das nicht fragen, aber es macht Spaß zu hören, wie er um Worte ringt, so gefangen ist er in seiner Lust.

»Ja«, haucht er. »Oh ja.«

Super. Ich grinse erwartungsvoll. Wird ja immer schöner. Sieht so aus, als ob ich doch noch zu meinem Vergnügen käme. Mein Glied pocht mittlerweile hart und fordernd. So lange braucht mein Schwanz sonst nie warten. Mir gefällt diese fast schmerzhafte Erregung und Vorfreude heute erstaunlicherweise sehr gut.

»Warte«, verspreche ich atemlos, »Das geht noch besser.« Ich schiebe den zweiten Finger in ihn hinein und drücke beide vorsichtig auseinander. Wieder zittert er haltlos.

Hoppla. Ich muss wohl aufpassen, dass er nicht jetzt schon kommt. Jungfrau eben. Vielleicht ist es jetzt ganz gut, eine kleine Pause zu machen. Ich lasse die Finger in ihm und beuge mich zu ihm hinunter.

»Willst du noch weitergehen? Soll ich weiter machen?« Klar schwingt meine Erregung mit, allerdings hört er den anderen Tonfall raus, denn er dreht sich zu mir und sucht meinen Blick. Darin ist keine Angst mehr, nur noch Verlangen. Ich lächle zufrieden, diese Bestätigung wollte ich haben.

»Ja«, haucht er. Ich nicke, ziehe meine Finger zurück. Ich muss über ihn steigen, um ein neues Kondom aus der Schublade zu holen. Unterdessen dreht er sich herum auf den Rücken und stützt sich auf die Unterarme ab. Als ich endlich eins gefunden habe, sieht er deutlich erleichtert aus.

»Willst du das wirklich?«, frage ich jetzt noch mal sicherheitshalber nach. Ich schäme mich immer noch ziemlich für mein Verhalten vorhin. Verdammt, ich hätte ihm fast Gewalt angetan. Das ist sonst echt nicht meine Art.

Der Kleine nickt.

»Ich … ich … dachte vorhin schon … Will es nicht … ohne machen«, stößt er verschüchtert hervor. Seine Wangen glänzen rötlich, die Sommersprossen lachen mich frech an.

»Ich mache es nie ohne«, versichere ich ihm und das ist die Wahrheit. »Ich war vorhin wohl etwas zu geil auf dich«, entschuldige ich mich. »Tut mir leid.« Er lächelt unsicher.

»Machst du mir das Kondom um?«, fordere ich ihn auf und halte es ihm hin. Er stemmt sich hoch, sitzt mir nun gegenüber und greift danach. Geschickt öffnet er die Packung und rollt es mir zügig über. Ich schnappe kurz nach

Luft. Damit hatte ich jetzt nicht gerechnet. Das wirkte sehr routiniert und natürlich ist die Berührung extrem heiß.

»Das hast du aber schon mal gemacht, oder?« Fragend runzle ich die Stirn.

»Na ja, ein bisschen geübt habe ich es«, gibt er zu und weicht meinem Blick aus. Das interessiert mich nun aber doch. Und die Bilder von seinem großen Freund tauchen ungefragt wieder auf. Wenn er bei dem noch Jungfrau ist …

»Wo denn?«, frage ich interessiert nach. Mal sehen, was er mir zu seinem Freund sagen wird. Der Kleine schaut mich jedoch verblüfft an und lacht auf: »Na was denkst du denn? An mir selbst natürlich. Wo denn sonst?« Kopfschüttelnd rückt er das Kondom zurecht.

Also war das doch nicht sein Freund? Ich muss ebenfalls lachen. Klingt komisch erleichtert und der Gedanke, wie er an sich selbst rumspielt, törnt mich ungeheuer an.

Wer war dann wohl dieser Muskelmacker? Egal.

Automatisch greife ich nach seinem Schwanz und beginne ihn zu pumpen. Er stößt die Luft aus und kippt um ein Haar hinten über. *Mann, ist der empfindsam. Einfach toll. Klasse, wie verzückt er reagiert. Das macht unglaublich Spaß.*

»Legst du dich wieder auf den Bauch?« Nun streiche ich die Innenseiten seiner langen Beine entlang. Er bebt leicht unter der Berührung.

»Geht es nur so herum?«, fragt er zögernd nach.

»Gefällt es dir nicht?« Für einen Moment halte ich inne.

Er kaut kurz auf seiner Unterlippe herum und gibt zu: »Ich kann dich dann nicht sehen.«

Überrascht lächle ich ihn an. »Wozu willst du mich denn dabei sehen?«

»Nur so …«, nuschelt er und wird richtig rot. Ich ziehe ihn an den Beinen zu mir heran, bis er vor mir auf dem Rücken liegt.

»So herum ist es einfach leichter«, brumme ich.

Mit einem: »Okay«, dreht er sich seufzend um und ich drücke ihm die Beine ein wenig auseinander.

Mein Körper glüht vor Erregung, jeder Atemzug kommt keuchend, mein Herz bricht mir die Rippen. Direkt vor mir sein runder, knackiger Arsch. Feine, dunkelblonde Härchen darauf, die bei jedem Lufthauch zittern. Dunkel hebt sich sein Loch ab. Noch völlig jungfräulich, niemand hat es vor mir berührt. *Scheiße, ist das ein geiles Gefühl.*

Fahrig greife ich nach dem Gel und verteile es auf meinem Schwanz. Mit zwei Fingern öffne ich seine Rosette. Er keucht auf, als ich direkt aus der Tube etwas Gel in ihn drücke. Ich muss lachen, weil er dabei zusammenkneift und die Tube kurz stecken bleibt. Gleich wird er meinen Schwanz ebenso fest umschließen.

»Ist ein bisschen komisch, aber glaub mir, es geht besser«, erkläre ich. Ich hole tief Luft, denn mein Schwanz platzt beinahe vor Lust und ich will endlich in diesem perfekten kleinen Hintern verschwinden.

»Okay, das kann jetzt erst mal etwas wehtun, Kleiner«, warne ich ihn vor und drücke seine Backen auseinander. »Ich mach ganz langsam, versprochen.«

Erst benutze ich wieder meine Finger und öffne damit seinen Eingang, massiere den Muskelring, bevor ich ansetze. Meine Eichel schiebt sich in ihn. Heiß und eng.

Er stöhnt verhalten, hält jedoch still, während ich langsam weiter in ihn gleite. Eindeutig noch Jungfrau, so verdammt eng und er kneift immer wieder zusammen. Schmerzhaft keucht er auf und braucht eine ganze Weile, bis er sich entspannt und den Muskel soweit lockert, dass ich noch ein Stück weiter komme.

Ich warte einfach jedes Mal, bis er soweit ist, streichle ihm über den Rücken, greife nach seinem Schwanz und den Hoden, um ihn von dem ersten Schmerz abzulenken. Das hat er offensichtlich noch nie gemacht.

Er wimmert kaum hörbar, als ich mich mit einem erleichterten Seufzer endlich ganz in ihn schiebe. Er verkrampft sich und ich versuche den Winkel zu ändern, drücke mein Glied gegen die Prostata.

Treffer. Sofort reagiert er und stößt die Luft aus, nur um gleich danach leise zu stöhnen.

»Gut, oder?«, keuche ich und pumpe ihn stärker. So wird er vom Schmerz abgelenkt. Er entspannt sich zum Glück recht schnell.

»Ja«, stöhnt er langgezogen, das Gesicht in die Bettdecke vergraben. Als ich anfange mich stärker zu bewegen, hebt er den Kopf.

»Das halte ich aber nicht mehr lange durch«, keucht er und krallt seine Hände in die Lacken.

»Hey, du gehst nicht ohne mich fliegen.« Belustigt ziehe ich meine Hand weg. Ein bisschen mehr Vergnügen will ich schon haben. Mal schauen, ob er nur anal kommen kann. Wenn nicht, prima, dann haben wir beide noch länger was davon. Die Sache macht mir so viel Spaß, dass ich es gerne noch in die Länge ziehe. Keine Ahnung, was hier gerade passiert. Normalerweise wäre ich jetzt schon fertig. Und der Andere längst weg.

»Ich bewege mich jetzt etwas mehr«, warne ich ihn vor und versuche dabei nicht die Prostata zu treffen. Er schaut mich mit schweißfeuchtem Gesicht an und lächelt mir wahrhaftig zu. Mann, der Kleine ist echt süß, ich fahre voll auf ihn ab. Wie er stöhnt und mir entgegenkommt, klasse. Seine Lust zu steuern macht mir einen verdammten Heidenspaß.

Ich werde stetig heftiger in meinen Bewegungen und dennoch schmiegt er sich an, geht total mit, lässt sich führen. So ist es eigentlich nie, wenn ich Sex habe. Die anderen lassen sich nicht so fallen, versuchen dauernd aktiver zu werden. Er überlässt sich mir völlig. Heute ist es einfach nur geil.

Er stöhnt mittlerweile bei jedem meiner Stöße und ich kann mich kaum noch zurückhalten.

»Bereit zu fliegen?«, keuche ich überflüssigerweise.

»Schon längst«, stöhnt er mühsam. Der Kleine ist echt klasse.

Okay, dann …

Ich gleite ganz aus ihm und hole Luft, stoße einmal hart zu und treffe tatsächlich direkt seine Prostata. Er zittert und es kommt abermals ein herrliches Stöhnen. Aber noch ist er nicht soweit, also noch mal.

Und dann verengt er sich und spritzt mit einem richtigen Aufschrei ab. Um mein bestes Stück wird alles herrlich eng. Er zuckt und windet sich und ich kann nicht anders, stöhne meine Lust mit ihm zusammen heraus. Ich werde sonst nie laut. Allerdings ist heute alles irgendwie anders.

Ein tolles Gefühl, so intensiv hatte ich das schon lange nicht mehr. Auch nicht so lange. Ich falle auf ihn, als mein Orgasmus mich überrollt.

Echtes Fliegen

O*h wow.* Das war echtes Fliegen!

Er zittert noch nach und ich schiebe meinen Arm unter ihm hindurch, wälze mich mit ihm zusammen auf den Rücken. So liegt er halb neben, halb auf mir. Ich fühle seinen bebenden Körper und den heftigen Atem. Mein Körper erschlafft langsam und schließe wohlig die Augen. Schön. Einfach nur schön.

Ah, da war noch was. Mist, das Kondom habe ich in meinem Glücksrausch ganz vergessen. Schnell halte ich es fest und gleite aus ihm heraus, ziehe es ab und werfe es achtlos neben mein Bett. Es ist mir im Moment so was von egal, wo es landet, den ich will einfach nur hier liegen bleiben und ihn neben mir fühlen. Er keucht noch ganz schön.

Der Kleine riecht so unglaublich gut. Spontan vergrabe ich meine Nase in seinen Haaren. Sauge seinen Geruch tief in mich ein.

Was hast du da gerade nur mit mir gemacht Kleiner? Langsam beruhigt sich seine Atmung wieder. Er hat die Augen noch geschlossen, oder ist er mir sogar weggedriftet? Würde mich nicht wundern. *Mann, er ist nur von anal gekommen. Und wie.*

»War es okay?«, frage ich vorsichtig nach. Er nickt nur träge. Ohnmächtig ist er nicht. Ich grinse. Hätte mich nicht erstaunt, so wie er geschrien hat. *Wow. Einfach irre. Unglaublich.*

»War echt nicht schlecht«, höre ich mich sagen. *Besser als sonst. Okay, es war sogar sehr, sehr viel besser als sonst.*

»Du warst so … du bist ganz schön empfindsam. Das war echt … toll. Wow«, bringe ich hervor, ganz berauscht von dem Erlebnis. Mit Abstand der beste Sex seit Jahren und das mit einem Greenhorn. Nicht zu fassen.

Er bewegt sich nicht. Ist er etwa eingeschlafen?

»Bist du müde?« Hat ihn wohl doch ganz schön geschafft.

»Ja«, nuschelt er und kuschelt sich an mich. »Ganz schön. Du nicht?«

»Nein. Nicht wirklich«, gebe ich zu. Dafür bin ich noch viel zu überwältigt von diesem Sexerlebnis.

Wir genießen eine ganze Weile die Nähe des anderen. Sein Duft umgibt mich. Er riecht extrem gut vor und nach dem Sex.

»Was …«, beginnt er zaghaft. »Was machst du sonst so danach?«

»Hm … nichts Besonderes.« Ich zucke die Schultern. »Meistens gehe ich, oder der andere.« Die Worte kommen, ohne nachzudenken, und ich bereue sie sofort, selbst wenn es die Wahrheit ist. Sonst ist es ja auch … irgendwie … na ja, anders.

Er verspannt sich, entzieht sich meiner Umarmung und ich reagiere nicht schnell genug. Es ist kalt ohne ihn.

»Okay,«, meint er und steht auch schon auf, »Ich gehe dann auch mal besser.« Er ist schon vom Bett runter, ehe ich es schnalle und mich aufrichte.

»Hey, du kannst gerne noch etwas bleiben«, versichere ich und ärgere mich über mich selbst. *Scheiß Ehrlichkeit.*

Er sieht mich merkwürdig an, zieht sich allerdings bereits die Unterhose an. Er geht zur Tür, und als ich endlich aufgestanden bin und ihm folge, greift er nach seinem T-Shirt.

Mist, ich hab es vergeigt. Warum habe ich nicht meine Klappe gehalten? *Dämliche Ehrlichkeit.* Ich hätte ihn wirklich gerne noch länger im Arm gehalten. Er war weich und anschmiegsam, so warm und sein Geruch war verführerisch.

Ich ringe um Worte. *Mann, Mark, reiß dich zusammen, du bist doch sonst nicht auf den Mund gefallen.*

»Schließt du jetzt wieder auf«, wirft er mir von unten zu, während er schon seine Jeans hochzieht.

Ich stehe da, nackt wie ich bin, und starre ihn an. Eigentlich will ich ganz und gar nicht, dass er schon geht. Schlecht gelaunt drehe ich mich um, hole den Schlüssel heraus, gehe zur Tür und schließe auf. Er stopft sich gerade das T-Shirt in die Hose.

Ich öffne die Tür, verharre aber mit der Hand auf der Klinke und mache sie sofort wieder zu. Hart schlucke ich und schaue auf ihn hinunter, da er sich gerade die Socken anziehen will.

Ganz plötzlich beuge ich mich nach unten vor, berühre sein Gesicht mit den Händen und küsse ihn, ziehe ihn zu mir hoch. Er zögert sichtlich, ist etwas perplex. Ich eigentlich auch, jedoch bin ich gerade irgendwie nicht anwesend, verloren in diesen heißen Küssen. Zaghaft erwidert er die Küsse und seine Hände legen sich auf meine Schultern.

Ich starre in sein Gesicht. Er ist wirklich schön. Mir ist vorher größtenteils nur sein Body aufgefallen, aber er hat echt ein attraktives Gesicht mit einer frechen Stupsnase und diese Sommersprossen, die meine Finger einladen.

Mein Mund gleitet tiefer und ich flüstere an seinen Hals: »Wenn du willst … Also ich … ich hätte im Grunde nichts gegen … ein zweites Mal …«

Wer hat das denn gerade gesagt? *Mark! Du schläfst nie zweimal mit dem gleichen Typ. Das machst du nicht. Das tust du einfach nicht. Das ist eins deiner wichtigsten Prinzipien.*

Aber es war auch noch nie so geil wie mit ihm. Ich will das noch mal. Will ihn unter mir fühlen, will mich in ihm bewegen. Ihn spüren, ihn riechen, schmecken, ertasten, hören, erleben.

Er sieht mich erstaunt an.

»Jetzt? Jetzt gleich?«, stößt er überrascht stotternd hervor und lässt dabei glatt seine Socken fallen.

»Ja«, hauche ich nur, unfähig mehr zu sagen. Was ist nur los mit mir? Ich gehe gleich auf die Knie runter und bettle ihn an, noch mal mit mir zu schlafen. Dabei ist er doch hier der Neuling. Wie durchgedreht ist das denn?

»Aber ich …«, er zögert und stammelt unsicher: »Ich weiß gar nicht, ob … ob ich noch mal … so schnell danach …«

Ich grinse ihn an und plötzlich ist wieder etwas von dem alten Mark da. Aufreizend langsam streiche ich über seinen Schritt und spüre haargenau, wie er reagiert. Entschlossen greife ich in seine Hose. Oh ja, er wird schnell wieder hart, er ist jung und voller Kraft. Ich öffne bereits die Jeans.

»Glaub mir, du kannst.« Ich grinse ihn anzüglich an und ziehe ihn am Bund der offenen Hose rückwärts zurück zum Bett. Die Vorfreude lässt mein Blut südlich jagen. Er sträubt sich nicht wirklich, schaut mich lediglich ungläubig an. Ich drücke ihn aufs Bett und ziehe ihm sofort das T-Shirt und die Hosen aus. Er liegt auf dem Rücken und lässt es sich anstandslos gefallen.

»Ich kenne ja noch gar nicht alle Stellen, bei denen du so herrlich stöhnst«, erkläre ich süffisant grinsend und beginne erwartungsfroh meine Hände wandern zu lassen. Und natürlich reagiert er abermals derart wunderbar empfindlich.

Ich lasse kurz von ihm ab und bete inständig, dass ich noch ein Kondom habe. Oh Wunder, da liegt das halb aufgerissene von vorhin direkt vor mir. Ich schnappe es mir, warte diesmal gar nicht, sondern streife es mir selbst über. Mein lüsterner Freund ist schon wieder steif genug und freut sich so sehr wie ich. Der Kleine macht mich so scharf, wie keiner zuvor.

Als ich mit dem Kondom und dem Gel in der Hand wieder aufs Bett komme, will er sich schon umdrehen, dieses Mal halte ich ihn an der Schulter fest.

»Du wolltest mich doch dabei sehen, oder?«, frage ich nach. Er wirkt verwirrt, nickt dann aber und lächelt. Hey, er hat ein wirklich sehr charmantes Lächeln. Ich beuge mich vor und küsse diesen schönen Mund. Ich war noch nie der große Küsser, seine Lippen sind jedoch wunderbar weich und er kommt mir total entgegen, scheint bei jedem Kuss dichter in mich hineinzukriechen. Mein Herz fühlt sich warm und riesengroß an.

Ich knie mich zwischen seine geöffneten Beine und wie vorher auch, übermannt mich die Erregung, hier zwischen seinen offenen Schenkeln. Sein lustverhangenes Gesicht dabei zu sehen, ist eine Show für sich. Sonst komme ich lieber von hinten, das Gesicht dazu hat mich bisher kaum interessiert. Die waren auch anders, als er. Er wirkt ziemlich verletzlich in dieser Position, gleichzeitig drehe ich vor Geilheit fast durch, wenn diese blauen Augen mich ansehen.

Ich schiebe seine Beine hoch, winkle sie an und drücke sie noch weiter auseinander. Dann schiebe ich mich hoch und berührte seinen Intimbereich im Übergang zu seinem Bein mit meinen Lippen. Er lässt sich seufzend nach hinten fallen und schiebt mir das Becken entgegen, genießt meine Liebkosungen.

Mann, wo ist er eigentlich nicht so herrlich empfindsam? Das ist ja echt der Wahnsinn.

Ich benutze meine Zunge und lecke über die weiche Haut, wandere hinunter zum Knie und hoch zu seinen Schamhaaren, die ich streife und gehe auf die andere Seite über. Er krallt erneut seine Finger in den Stoff und kämpft sichtbar mit seiner Lust. Sein unterdrücktes Stöhnen hat eine ungemindert erregende Wirkung auf mich. Ich bin jetzt schon steinhart und mehr als bereit. Dennoch möchte ich es noch länger hinauszögern, ihn noch länger genießen in seiner unglaublichen Lust.

Hat sich eigentlich schon jemals jemand bei mir derart fallen gelassen? Ich kann mich nicht daran erinnern. Aber er tut es. Ist flüssiges Wachs in meinen Händen, mir in seinem Verlangen gänzlich ausgeliefert. Ein geniales Gefühl.

Ich spiele noch eine ganze Weile, bis er deutlich unruhiger wird. Seine Stimme ist nur noch ein heiseres, unartikuliertes Stöhnen. Er ist völlig versunken in die Lust seines Körpers.

So etwas habe ich wirklich noch niemals erlebt. Er vertraut mir da völlig. Der Kleine ist einfach unglaublich.

Sein Becken stößt haltlos nach oben, er ist so gefangen in seinem Verlangen, das nur noch sein Körper mir sagen kann, was er jetzt braucht. Wenn ich ihn noch weiter reize, kommt er sofort und ohne mich. Also drücke ich sein Becken schon fast mit Gewalt nach unten und fixiere ihn schmunzelnd. Seine Beine sind nach außen gekippt und zittern deutlich vor Muskelspannung. Seine Augenlider sind geschlossen und er seufzt wohlig.

Ich warte gar nicht lange, sondern schiebe mich so dicht an ihn heran, wie es in dieser Position geht, und dringe in ihn ein. Eigentlich ist es eher ein Gleiten. Er setzt mir fast keinerlei Widerstand entgegen, ich kann problemlos ganz in ihn gelangen. Ich kann auch nicht länger warten, beginne in seine ruckartigen Bewegungen mitzugehen, halte nur sein Becken vorsichtig fest, damit er nicht zu heftig wird.

Er kommt jedem Stoß entgegen und ungewollt werden meine Bewegungen recht hart. Sein Becken hebe ich ein wenig an und ziehe ihn zu mir heran. Weiterhin stößt er diese heiseren Laute aus und strebt mit seinem ganzen Körper meinen heftigen Stößen entgegen.

Ich kann es nicht so gut steuern, wie vorher, den er presst seinen Körper an mich, sucht sich die richtige Position, in der mein Schwanz seine Prostata streift und ihm Erlösung schenkt.

Es dauert diesmal nicht sehr lange, ist aber noch intensiver als vorher. Ich lasse sein Becken los, als er kommt und werde von seinen starken Bewegungen mitgerissen. Rasch greife ich nach seinen zitternden Beinen, um etwas Halt zu haben und ergebe mich ganz meinen Zuckungen, während sein Sperma heiß gegen meinen Bauch und bis hoch zum Kinn schießt.

Das war womöglich sogar noch besser als eben. *Oh Mann, der Kleine lässt sich total gehen und er ist schon wieder nur anal gekommen. Wow.*

Diesmal liegt er danach wieder neben mir und ich mag ihn einfach nur halten und anschauen. Meine Hände liegen locker auf seinem Bauch und seiner Hüfte, verstreichen letzte Reste von Sperma.

Er ist eingedöst. Wirkt recht niedlich, wie er so da liegt, den Kopf an meinen Hals gebettet. Ich kann ihn in Ruhe betrachten, den schmalen und doch deutlich männlichen Körper, das hübsche Gesicht. Kann mich nicht daran erinnern, so einen Typen wie ihn in letzter Zeit gehabt zu haben. Oder jemals zuvor.

Ich hab ihn gar nicht nach seinem Alter gefragt, fällt mir plötzlich siedend heiß ein. Hoffentlich ist er überhaupt schon alt genug. Er ist schon noch sehr jung. Ich habe kurz ein schlechtes Gewissen. Vor allem, wenn ich daran denke, wie ich mich am Anfang benommen habe.

Ich habe noch niemals jemanden mit Gewalt genommen. Definitiv nicht und auch nie die Absicht gehabt. Habe ich ja auch nicht nötig, die meisten wollen, das ich sie ficke. Nur bei ihm bin ich beinahe durchgedreht. Er hatte wirklich Angst. Und dann so etwas.

Normalerweise schleppe ich keine derart jungen Typen ab. Man weiß nie. Nur er hat mich eben total angesprochen. Hätte wirklich nie gedacht, dass er noch Jungfrau ist. Oder vielmehr war.

Er liegt bestimmt mindestens eine Stunde so da und ich nicke ebenfalls weg. Es ist schön, ihn zu halten. Seinen ruhigen Atem zu hören, ihn zu riechen.

Plötzlich verändert sich das Geräusch und ich schrecke hoch. Er ist aufgewacht. Wohlig rekelt er sich. Sein Bauch ist ziemlich verklebt, aber er schaut zu mir auf und lächelt mich an. Ich kann nicht anders und lächle zurück und ich weiß, dass dieses Lächeln anders ist, als sonst. Keine Ahnung. Irgendwie anders eben.

»Sorry, bin ich eingeschlafen?« Ich nicke brummend, selbst noch etwas schläfrig. Er schaut mich nachdenklich an, dann löst er sich aus meiner Umarmung, rollt sich zur Seite und steht auf. Ich verspüre ein echtes Bedauern, ihn zu verlieren.

»Darf ich vielleicht noch bei dir Duschen?«, fragt er mit Blick auf seinen verklebten Bauch schmunzelnd.

»Ja klar«, sage ich automatisch. Ist auch dringend nötig, so mit dem Sperma und dem ganzen Gel. Wahnsinn, wo das überall gelandet ist: auf ihm, auf mir und überall auf dem Bett.

»Das Badezimmer ist gegenüber.« Ich zeige es ihm, als er seine Klamotten zusammen und diese unter den Arm geklemmt hat. Nur seine Turnschuhe stehen noch da. Ich sehe ihm mit einem merkwürdig bedauernden Gefühl hinterher.

Kurz danach höre ich das Geräusch der Dusche. Widerwillig stehe ich auf und starre auf mein Bett. Es sieht hinterher oft beschissen aus, dieses Mal haben wir allerdings ganze Arbeit geleistet. Ist das echt alles sein Sperma?

Mein Mund zuckt unwillkürlich, wenn ich daran denke, wie viel er abgespritzt hat. Kurz entschlossen ziehe ich die

Überdecke herunter und lasse nur die Kissen liegen. Ich rolle sie zusammen und folge ihm ins Badezimmer, denn da steht auch meine Waschmaschine.

Der Kleine steht unter der Dusche und ich kann nicht widerstehen, muss ihn durch die durchsichtige Kabinenwand anstarren.

Wie das Wasser über seine Schultern, den Rücken hinab rinnt und zwischen seinen Backen verschwindet. Seine Schamhaare sind ganz dunkel und locken sich. Ich mag alles an ihm. Kann kaum den Blick davon lassen, als ob ich mir jede Einzelheit einprägen müsste.

Mein Blick gleitet entlang der Wirbelsäule zu dem festen Hintern und der verführerischen Spalte. In meinen Lenden zuckt es schon wieder.

Er steht jetzt mit dem Rücken zu mir, dreht sich erst um, als ich die Decken in die Waschmaschine stopfe.

»Hey!« Er klingt glatt etwas empört. »Ich bin noch nicht fertig.«

»Sehe ich«, brumme ich und stelle die Waschmaschine an.

»Keine Panik, ich will nur aufs Klo«, ergänze ich und klappe den Deckel hoch.

Er zuckt mit den Schultern und duscht weiter. Das Duschgel bildet Blasen, als es von seinen Haaren auf den Körper tropft und langsam hinab rinnt. Ich kann nicht anders, ich betrachte wieder und wieder seinen Körper. Er sieht einfach echt gut aus.

»Was schaust du so?« Meine intensive Musterung irritiert ihn.

»Nichts«, nuschle ich, beende mein Geschäft und betätige die Spülung. »Ich schau dich eben nur gerne an.«

»Du hast mich doch eben schon die ganze Zeit nackt gesehen«, wirft er mir vor und spült den Rest des Duschgels ab.

»Klar, aber … mir gefällt, was ich sehe«, gebe ich zu und mir rutscht heraus: »Du siehst klasse aus. Ich mag deinen flachen Bauch und den Knackarsch.«

Er wird tatsächlich rot. Und er reagiert nicht nur da. Ich sehe es sofort. »Hey, kriegst du jetzt nen Ständer?« Mein Schmunzeln wird breiter. Er dreht sich rasch um, wendet mir den Rücken zu: »Nein! Natürlich nicht.«

Aber klar doch. Ich hab es gesehen und grinse in mich hinein. Nur von meinen Worten. Ich kann mir nicht helfen, ich finde, er ist niedlich in seiner unschuldigen Art. Was mich daran erinnert …

»Wie alt bist du eigentlich?«, hake ich endlich nach.

»Neunzehn«, brummt er. Ich verspüre Erleichterung. Immer noch verdammt jung.

»Und du?«, fragt er frech zurück, steigt aus der Dusche und ich kann nicht anders, schaue genau zu, wie er sich das Handtuch umbindet.

»Vierundzwanzig«, antworte ich, während mein Blick noch auf das gerichtet, ist was er unter dem Handtuch versteckt.

»Rasierst du dich eigentlich nicht?« Würde bei ihm bestimmt geil aussehen. Ganz glatt und haarlos.

Er schaut mich verblüfft an. »Rasieren?« Er folgt meinem Blick. »Wieso sollte ich mich denn da rasieren?« Jetzt muss ich bei dem Gesichtsausdruck fast losprusten. Okay, er ist echt sehr unerfahren. Einfach zu lustig.

»Och«, murmle ich und unterdrücke mein Lachen, kann ein anschließendes Grinsen nicht ganz unterdrücken.

»Du kannst jetzt.« Er nickt zur Dusche. Ich muss mich regelrecht von seinem Anblick losreißen. Durch die Duschwand beobachte ich, wie er sich ausgiebig die Haare trockenreibt und sich anzieht. Er ist zum Anbeißen, wie er sich vorbeugt, seinen Fuß auf dem Klo abstützt, um seine Socken hochzuziehen. Ich könnte ihn glatt noch mal nehmen. Hart genug bin ich bald schon. Oh Mann, was ist das bloß?

Ich mache es kurz und steige aus der Dusche, als er sich die letzte Socke überstreift.

»Gibst du mir mal ein Handtuch?« Ich deute auf das Regal hinter ihm. Er dreht sich um, zieht eins heraus und reicht es mir, sein Blick geht natürlich automatisch tiefer. Ich mag das, er wendet sich allerdings viel zu schnell wieder ab.

Ich folge ihm zurück ins Schlafzimmer, nur mit dem Handtuch bekleidet. Schweigend, mit einem zunehmend flauen Gefühl, beobachte ich, wie er in seine Turnschuhe schlüpft und sie zubindet. Ich folge ihm auf den Flur und zur Haustür.

»Wie heißt du eigentlich?«, bringe ich endlich heraus, als er die Tür öffnet und schon halb hindurch ist. Verblüfft wirbelt er zu mir herum und starrt mich mit offenem Mund an.

»Du vögelst mich zweimal durch und fragst dann erst nach meinem Namen?« Es ist etwas zwischen Frage und Feststellung.

»Tja«, druckse ich verlegen herum, »Mache ich beides zum ersten Mal. Normalerweise …« Aber er unterbricht mich: »Tim.«

Passt zu ihm. So niedlich, wie er. Kurz und knapp. Ich nicke, meine Augen können irgendwie nicht von ihm lassen.

»Okay, tschüss dann«, nuschle ich. Eigentlich würde ich ihn lieber fragen, ob er noch bleiben möchte, allerdings … irgendwie wäre mir das jetzt voll peinlich. Würde so aussehen, als ob ich ihn noch mal ins Bett bekommen möchte. Würde ich auch gerne. Aber irgendwie eigentlich auch gerne, noch etwas … Ja, was eigentlich? Keine Ahnung. Ich beiße mir auf die Lippe.

»Tschüss«, murmelt Tim und schaut nicht hoch. Er geht ein paar Schritte und wendet sich noch einmal um. »Und … danke.« Tim schaut kurz hoch und lächelt. Dann dreht er sich rasch um und steigt die Treppe hinab. Ich schaue ihm nach und knabbere unzufrieden an meiner Unterlippe.

Klasse, wenn einer der Nachbar jetzt raus schaut. Ich stehe hier nur mit einem Handtuch bekleidet ziemlich dumm herum. Entschlossen trete ich ans Geländer heran und schaue nach unten.

»Hey, Tim!« Er stoppt und schaut zu mir hoch. Mir stockt kurz der Atem. Diese tollen Augen, die schönen Lippen, diese herrlichen Sommersprossen auf seiner Nase. »Hast du … hast du morgen Abend schon was vor?« Die Worte stammen von mir, sind aber nicht durch mein Gehirn gelaufen. *Ganz bestimmt nicht.*

Tim schaut mich skeptisch an.

»Ich mein ja nur, wenn du Zeit hast … ich gehe da immer in so einen Club. Wenn du Lust hast … komm doch auch. Ich könnte dich … da treffen«, schlage ich mit einigen Pausen vor. Und danach … wer weiß.

Er reagiert erst gar nicht und ich verfluche mich schon für meine Dummheit, dann beginnt er zu lächeln und nickt tatsächlich: »Okay.«

Ich grinse zurück, das Herz hüpft komisch und mein Magen flattert. Rasch gebe ich ihm den Namen und die Adresse. »So um 20 Uhr?«

»Ja. Geht klar«, meint er und geht weiter.

»Ich treffe dich davor, okay?«, rufe ich ihm noch hinterher, als er schon fast verschwunden ist. Ich will nicht, das ihn jemand anders vor mir sieht und … Ja, was eigentlich? Er ist doch nicht mein Eigentum. Und überhaupt, wieso mache ich das überhaupt? Ich muss völlig durchgedreht sein.

Ich habe ihn gerade zweimal gevögelt. Und ich kenne sogar seinen Namen.

Siedend heiß fällt mir was ganz anderes ein: Er kennt nicht einmal meinen Namen. Er hat auch gar nicht danach gefragt.

Verdammt. Wenn er nun nicht kommt? Vermutlich war das eh wirklich nur … Ja was denn? Ich komme mir gerade voll blöd vor.

Erst sieht es so aus, als ob er einen Macker hat. Dann ist er definitiv noch Jungfrau, gibt mir aber den besten Fick seit Langem und fragt mich nicht einmal nach meinem Namen?

Scheiße. Der taucht morgen bestimmt nicht auf. Und ich habe weder eine Telefonnummer von ihm, noch kenne ich seinen Nachnamen.

Verfluchte Scheiße.

Missmutig gehe ich hinein und hole aus meinem Schrank eine neue Überdecke. Davon habe ich zum Glück mehrere. Müssen ja häufig gewaschen werden. Ich breite sie übers Bett aus und ärgere mich, weil nun eigentlich nichts mehr an meinen mega-geilen Sex erinnert.

Mit Tim. Mit einem echten Greenhorn.

Ich schmeiße mich aufs Bett und starre fast wütend an die Decke. Der Kleine war so irre. Ich kann noch immer sein lustvolles Stöhnen hören.

Und wenn er morgen wirklich nicht auftaucht?

Oh Mann. Das darf echt nicht wahr sein. Ich mache mir hier Gedanken über meinen letzten Fick. Nummer 15 für meine Wette. Irgendwie passt es mir gar nicht, so über ihn zu denken.

Nur eine Nummer. Nein, er war ja sogar zwei Nummern. Irgendwie.

Eigentlich ist es noch früh genug, um noch jemanden aufzureißen, nur dazu habe ich überhaupt gar keine Lust. Vor allem nicht hier, in diesem Bett, wo Tim so genial gestöhnt hat. Nein!

Was wird aus der Wette? Ach, ich habe ja eh schon gut vorgelegt. Da kann ich mir morgen einen netten Abend mit ihm gönnen. Wenn er überhaupt kommt.

Brummelnd vergrabe ich meinen Kopf in den Kissen. *Oh klasse. Es riecht noch nach ihm …*

Ich bin erbärmlich.

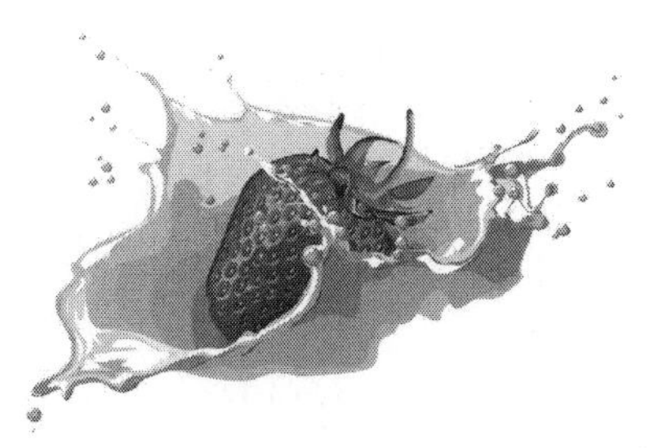

Nummer fünfzehn

Es ist Samstag, der 14.

Vormittags, irgendwas um 11 Uhr.

Mein wöchentliches Frühstück bei Alex steht an. Das machen wir jeden Samstag. Das erste Frühstück in der Jagdsaison. Meistens haben wir dann schon was vorzuweisen und wir schmieden Pläne für den Rest des Wochenendes.

Er hat leckere Croissants im Backofen und ich rieche sie schon vorne an der Eingangstür. Alex hat ein nettes, großes Apartmenthaus, sogar mit Garten und Wintergarten. Er ist ein ziemlich erfolgreicher Konzertmanager und verdient nicht schlecht. Außerdem hat er früher gemodelt und Pornos gedreht. Kein Wunder, so wie er aussieht, werden sich die Agenturen um ihn gerissen haben.

So haben wir uns auch kennengelernt, denn ich kümmere mich um die ganze Werbung und das Merchandising. Die Werbeagentur, in der ich arbeite, hat mich extra für diesen Bereich abgestellt. Alex ist ein sehr guter Kunde, und da wir viel miteinander zu besprechen hatten, sind wir uns nach ein paar Drinks durchaus näher gekommen.

Nie zu nahe, denn er ist mir zu ähnlich. Ein absoluter Top und ebenso fleißig unterwegs, wie ich. Alex ist jedoch so etwas wie mein bester Kumpel seit gut vier Jahren.

Unsere Wette ist natürlich nicht bei so einem Frühstück entstanden. Natürlich nicht. Dazu musste mehr Alkohol involviert sein. Sicherlich wird sie heute Morgen unser Gesprächsthema Nummer eins sein.

»Moinmoin«, begrüße ich Alex, der nur mit Shorts bekleidet lässig am Herd steht und Rührei macht. Vermutlich aus Wachteleiern. Würde zu ihm passen. Außer Rühreiern kocht er nichts.

»Moin, Mark«, wirft er mir zu. Er sieht noch etwas verpennt aus. Trotzdem ist er mit Abstand der schönste Mann, den ich kenne. Selbst mit den dunklen Schatten unter den braunen Augen in dem markanten Gesicht. Ein Körper zum Dahinschmelzen und leider weiß er das auch haargenau.

»Lange Nacht gehabt?«, frage ich spöttisch, während ich bereits die knusprigen Croissants aus dem Ofen hole.

»Einen Dreier. War ganz nett. Nur der Typ hatte definitiv Mundgeruch. Meinem Schwanz hat es zwar nichts ausgemacht, aber mir schon.« Alex zuckt mit den Schultern und zwinkert mir zu. Ich muss lächeln. Alex lässt nichts anbrennen, zelebriert Sex in jeder Variation. Es ist ein Spiel, in dem er der wahre Meister ist und alle anderen ihm sabbernd zu Füßen liegen. Ein echter Sexgott.

Alex nimmt die Pfanne vom Herd, kippt das Rührei in eine Metallschüssel und folgt mir und den Croissants zum Wintergarten. Hier können wir bei jeder Jahreszeit fast wie im Freien frühstücken. Es ist urgemütlich. Alex hat wirklich Stil.

Ich werfe mich in einen der Korbsessel und nehme mir von dem dampfenden Tee. Alex hat einen guten Geschmack und wechselt je nach Jahreszeit den Tee. Dies ist definitiv Sommertee. Lecker.

»Und bei dir?«, fragt er lauernd, kaum hat er sich gesetzt. »Wie läuft es?« Natürlich meint er die Wette. Er erwartet einen genauen Bericht.

»Prima, alles super«, gebe ich etwas unverbindlich von mir. Er grinst mich an und gibt sich damit natürlich nicht zufrieden.

»Wie weit bist du?«, will er wissen. Ich schiebe die Antwort noch etwas hinaus, indem ich mir ein Croissant schnappe und es in den Tee tunke.

»Seit gestern bei Nummer fünfzehn«, verkünde ich stolz und ignoriere, dass mir dabei wieder der Kleine – Tim – einfällt.

»Echt? Bei Nummer fünfzehn schon? Wow, Respekt.« Alex grinst und schüttelt anerkennend den Kopf. »Und wir haben erst den 14. Du warst wirklich fleißig.«

Ich nicke und kann meine Gedanken nicht ganz von gestern lösen. Mit Genuss verspeise ich mein Croissant und nehme mir gleich ordentlich von dem Rührei. Ja, es sind Wachteleier. So typisch Alex.

»Ja«, bringe ich langgezogen und kauend hervor. Alex schaut gespannt. Er erwartet Einzelheiten. Ich kämpfe mit meinem vollen Mund und mit mir.

»Zählt eigentlich auch, wenn ich mit einem zweimal …«, nuschle ich undeutlich und weiß leider ganz genau, dass er sofort darauf anspringen wird. Ihm fällt tatsächlich die Gabel aus der Hand und er starrt mich ungläubig an.

»Wie bitte? Machst du Witze?« Alex angelt etwas von dem Rührei aus seinem Tee, wohin es ihm von der Gabel gefallen ist. Ich muss grinsen und warte brav, bis er sein Ei vor dem Ertrinken gerettet hat.

»Nein. Kein Witz. Zählt es doppelt, oder nicht?«, will ich wissen und schiele hinter meiner Tasse hervor, aus der ich übervorsichtig meinen heißen Tee trinke. So sieht er mein Gesicht nicht so genau.

»Du hast nicht im Ernst …«, fängt er an und hat sein Frühstück völlig vergessen. »Wow, der muss ja klasse gewesen sein. Wer war es? Gib mir mal seine Telefonnummer.«

»Vergiss es«, stoße ich hervor. Es soll cool klingen, aber ich bin mir nicht ganz sicher, ob es das auch tut.

Alex lächelt sein besonderes Lächeln. Wissend und überlegen. Dabei möchte ich ihm immer gerne eine reinhauen. Er lehnt sich zurück und winkelt ein Bein locker an. Seine Teetasse balanciert er auf seinem Knie aus und schaut mich sensationslüstern an.

»Mark! Komm schon, los erzähl: Wer war das? Zweimal? Wirklich?« Er wirkt tatsächlich etwas ungeduldig.

»Kennst du nicht«, brumme ich abweisend und grinse ihn an. »War eh sein erstes Mal.«

Köstlich, jetzt kippt ihm glatt etwas von dem warmen Tee über seinen Bauch. Er setzt die Tasse rasch auf dem Tisch ab und greift nach einer Serviette, um sich den Tee abzuwischen. Ich amüsiere mich köstlich, ihn so zu schocken. Ich hatte ja etwas mehr Zeit mich daran zu gewöhnen.

»Du willst mir nicht im Ernst erzählen, du hattest eine

Jungfrau? Du?« Für den Moment sieht Alex Modelgesicht so aus, als ob er erfahren hätte, das morgen Aliens landen werden. Und das passiert selten. Er hat sich meistens perfekt im Griff.

»Tja, wusste ich ja nicht vorher, als ich ihn abgeschleppt habe«, wiegle ich ab.

»Und dann hast du ihn gleich zweimal flachgelegt? Musste der noch üben? Du gibst dich doch sonst nie mit einem Anfänger ab«, stellt Alex misstrauisch fest und beäugt mich kritisch.

»Nein. Aber ... Der war so geil, Alex. So etwas habe ich noch nie erlebt. Der ist voll eingestiegen. Er hat sich ganz und gar reinfallen lassen und er war echt unglaublich«, schwärme ich los und beiße mir gleich darauf auf die Zunge. So viel wollte ich gar nicht erzählen. Alex soll nicht auf komische Gedanken kommen.

»Wie jung?« So wie er lächelt, macht er sich Gedanken. *Scheiße.*

»Neunzehn. Hat er gesagt.« Ich hoffe noch immer, das stimmte auch. Aber warum sollte Tim lügen?

»Wow. Echtes Frischfleisch also.« Alex ist beeindruckt. »Sag mir, wo ich den treffen kann. Wenn er so gut ist, will ich ihn auch mal haben.«

»Vergiss es«, rutscht es mir viel zu schnell heraus und Alex feixt. Ich glaube, er provoziert mich absichtlich. Er spielt zu gerne, auch mit mir. »Was soll das denn heißen?«, fragt er schelmisch nach. *Mistkerl.*

»Ich habe keine Telefonnummer von ihm«, lenke ich ab und seufze.

»Und natürlich auch keinen Namen. Ich weiß, hast du ja nie.« Alex stimmt in mein Seufzen ein.

Ich zögere und nehme noch einen Schluck vom Tee. Was wird er nun von mir denken? Egal.

»Er heißt Tim, okay?«, gebe ich leise zu.

Alex kippt nun wirklich fast vom Stuhl. »Jetzt sag nicht, du kennst tatsächlich seinen Namen? Ich fasse es nicht. Mann, der Junge muss ja wirklich die Wucht gewesen sein.«

»Ja …«, seufze ich sehnsuchtsvoll ganz in Gedanken und Alex springt natürlich sofort drauf an. Er beugt sich vor und schaut mich erwartungsvoll an. Ich hasse diesen Blick.

»Also los, was war so Besonderes an ihm. Wenn du plötzlich all deine Prinzipien über Bord wirfst, muss es ungewöhnlich gewesen sein … Details, bitte«, fordert er gespannt.

Ich verziehe das Gesicht. Eigentlich ist es nicht fair so viel von Tim zu erzählen, allerdings wird er es ja nicht erfahren und außerdem will ich vor Alex etwas mit ihm angeben. Dazu war das Erlebnis einfach zu berauschend, um es zu verschweigen.

»Er war … genial eben«, fange ich an. »Oh Mann, Alex. Er hat so klasse gestöhnt. Irre! Der war so was von empfindsam, wenn ich ihn berührt habe. Wie er sich bewegt und sich mir völlig hingegeben hat. Und er ist nur von anal gekommen. Und wie! Zweimal. Kannst du dir das vorstellen?«

»Was hast du mit ihm gemacht?« Alex im Expertenmodus. Er lauscht gespannt.

»Nichts so besonderes«, gebe ich zögernd zu. »Na ja, er war ungewöhnlich empfindlich. Er hat total toll reagiert, wenn ich ihn geküsst und gestreichelt habe. Er ist dabei voll abgegangen. So in Ekstase habe ich noch nie einen gehabt.«

Jetzt fallen Alex gleich die Augen aus dem Kopf. Nun ist es an mir, wissend zu grinsen. Für fast eine Minute ist Alex sprachlos. Er hat den Mund aufgeklappt und starrt mich verblüfft an. Ich lehne mich genießerisch zurück und lasse ihn zappeln.

»Okay …« Er holt tief Luft. »Jetzt bist du völlig verrückt geworden, oder? Du und Knutschen? Streicheln? Was war denn da los?«

Ich brumme unwirsch vor mich hin. Das geht wirklich schon gegen meine Ehre. So etwas könnte meinen Ruf zerstören. Zum Glück wird Alex es wohl nicht rumtratschen. Hoffe ich.

»Hat sich eben ergeben. Er hat es ein bisschen mit der Angst gekriegt. Und da habe ich ihn halt geküsst. Aber es war echt toll. Ich hatte schon lange nicht mehr so viel Spaß, ehrlich«, sprudle ich hastig heraus.

Alex schaut mich mit schief gelegtem Kopf an, das typische Lächeln zuckt um seine Mundwinkel. Aber er muss das Ganze erst mal verdauen. Er nimmt sich ein Croissant und wir schweigen eine ganze Weile.

»Und nun?« Irgendwie kennt Alex mich viel zu gut. Besser als ich dachte.

»Was und nun?« Ich druckse herum.

Genau das hatte ich befürchtet, dass Alex falsche Schlüsse zieht.

»Ich treffe ihn morgen noch mal«, gebe ich möglichst gelassen zu.

»Wie bitte?« Die Überraschung jetzt ist geschauspielert. Dies ist Alex' Pokerface. Oh, wie er das beherrscht. Er liebt es, zu spielen.

Ich will ihm keine Details verraten. Meine Sache. Wenn Tim überhaupt kommt. Ich bin mir da gar nicht mehr sicher.

»Wann und wo?« Alex klingt unterdrückt aufgeregt. Ich kenne ihn auch gut genug und schüttle verneinend den Kopf.

»Keine Chance. Ich will gar nicht, dass du ihn siehst.« *Tim gehört mir.*

»Okay«, beschwichtigt Alex und grinst mich ganz schön unverschämt an. Und dann kommt, was kommen musste: »Mark? Hast du dich etwa verguckt?« Mir rinnt ein eiskalter Schauer über den Rücken. Natürlich nicht! So ein Quatsch.

»Nein! Was denkst du denn? Aber der Kleine ist echt anders. Irgendwie besonders.« Ganz verschwindet das Grinsen nicht aus Alex' Gesicht.

»Und was ist mit der Wette?«, fragt er lauernd nach.

»Hat damit doch nichts zu tun«, wende ich sofort ein.

»Nicht?« Er tut überrascht.

»Nein«, sage ich bestimmt. »Er war die Nummer fünfzehn. Fehlen nur noch weitere fünfzehn und wir haben erst den 14. Ich bin also bereits im Plus. Mach dich darauf gefasst, mir ein Auto zu kaufen. Ein rotes, teures.«

Alex lächelt und nickt anerkennend. Er schneidet sich seelenruhig einen Apfel auf und beobachtet, wie ich das letzte Rührei vernichte.

»Aber der Kleine zählt trotzdem nur einmal«, erklärt er süffisant lächelnd wie nur Alex es kann.

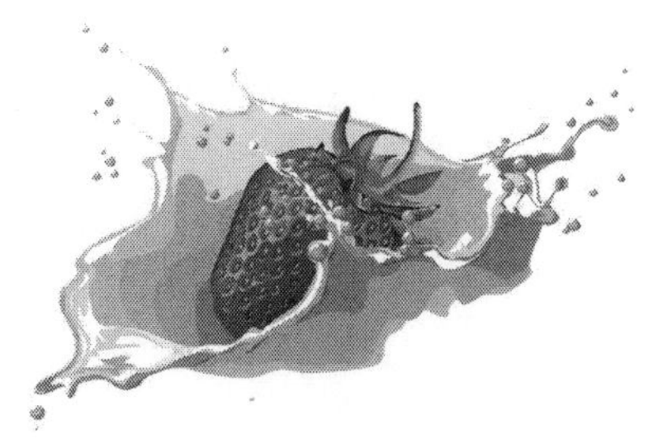

Irgendwie anders als nur Sex

Samstag der 14.
Abends 19.50 Uhr.

Ich bin zu früh. Ich weiß, ich bin viel zu früh. Ich war bereits vor zehn Minuten schon da und habe reglos in meinem Auto auf dem Parkplatz gehockt und vor mich hin gestarrt.

Ich habe echt Bammel, dass er nicht kommt. *Verdammt.*

Und wenn nicht? Da draußen gibt es noch jede Menge andere Kerle, die liebend gerne mit mir ins Bett steigen würden. Nummer sechzehn, siebzehn und so weiter.

Leider keinen wie ihn.

Scheiße, ich habe mich doch nicht wirklich in ihn verguckt? Nein. Er ist einfach nur genial im Bett. Das ist, was bei mir wirklich zählt. Er wäre mir ja kaum im Gedächtnis geblieben, wenn der Sex mit ihm nicht so irre gewesen wäre. Was ist mir denn eigentlich an ihm aufgefallen, dort auf der Party außer, dass er immer wieder zu mir herüber geschielt hat?

Na, sein perfekter Körper, okay. Solche Typen wie ihn mag ich eben. Er wurde doch erst interessant, als er sich hat küssen lassen und dann so abgegangen ist. Probiere ich ja sonst auch nicht so viel aus. Vielleicht wäre es mit einem anderen Mann genau so geworden. Vielleicht …

Blöde Gedanken. Ist ja eh alles egal, wenn er nicht kommt. Und selbst wenn. Klar will ich ihn noch mal ins Bett bekommen. Nun ist es doch egal ob zweimal oder dreimal oder … mehr.

Ich gebe mir einen Ruck und steige um 19.55 Uhr endlich aus meinem Auto und schlendere betont langsam zum Club hinüber. Vor dem Eingang hat sich schon eine Schlange gebildet.

Das Gaytronic ist legendär. Hier trifft sich alles, was schwul, jung, gut aussehend und geil ist. Oder sich dafür hält. Ein paar Typen lungern rauchend herum, beäugen das Angebot kritisch. Den einen oder anderen kenne ich natürlich und nicke allgemein jedem zu. Der dort hinten war, glaube ich, Nummer vier oder fünf.

Wie war der noch gewesen? Ich kann mich nicht daran erinnern.

Eben einfach Sex. Nicht so wie mit Tim.

Ich rauche nicht einmal, sonst könnte ich hier ebenso lässig mit meiner Kippe stehen. So stehe ich ziemlich dämlich herum und überlege ernsthaft, wieder zum Auto zurückzugehen. Dort ist das Warten unverfänglicher.

Peinlich wird es ohnehin erst werden, wenn er wirklich nicht auftaucht. Vielleicht sollte ich mich doch schon mal nach einer Alternative umsehen? Eigentlich spricht mich keiner der Typen wirklich an. Drinnen ist die Auswahl ohnehin größer.

Es ist 20 Uhr und er ist noch immer nicht da. *Scheiße.*

Das blöde ist, er hat keine Telefonnummer von mir. Rein

theoretisch kann ihm ja auch was dazwischen gekommen sein. Wie lange kann ich wohl auf ihn warten, ohne mich zu lächerlich zu machen?

Ach Mann, ich hätte mich drinnen mit ihm verabreden sollen. Das wäre weitaus weniger peinlich gewesen. Mir widerstrebt jedoch einfach der Gedanke, dass ihn jemand anders da anquatschen könnte.

Es ist 20.05 Uhr. Ich wandere herum und komme mir mehr und mehr verarscht vor. War doch klar, oder? Er hat ja nicht mal meinen Namen. Hat gar nicht danach gefragt. Weder danach noch nach meiner Telefonnummer. Warum sollte er also kommen? Es scheint mir echt so, als ob er mit mir nur eine Nummer abgezogen hat. Wie war das? Mit den eigenen Waffen geschlagen.

Es ist 20.10 Uhr und ich habe im Grunde schon aufgegeben. Ein paar der Typen werfen mir komische Blicke zu, da bin ich mir ganz sicher. Zum Glück stehen die meisten nicht so lange herum, um mitzubekommen, wie ich hier bei einem versetzten Date herum tigere. Ich sollte jetzt besser reingehen, mir rasch einen Blowjob suchen und vergessen, dass ich den Kleinen je getroffen habe.

Der Frust steigt langsam, aber beständig in mir hoch. Dass so etwas gerade mir passiert. Zum Glück wird es kaum jemandem auffallen und ich kann mich herausreden, dass ich auf Alex oder Arne gewartet habe.

20.15 Uhr. *Scheiße.*

Wem bin ich denn Rechenschaft schuldig, was ich tue? Kann mir doch völlig egal sein, was irgendwer von mir denkt. Geht keinen was an. Und das mich so ein kleiner Milchbubi verarscht hat, erst recht nicht.

Ich seufze, schlucke die Wut hinunter und drehe mich um, um endlich in den Club zu gehen. Kann heute nur noch besser werden.

Ich blicke zum Eingang hoch und bemerke beinahe zu spät, dass ich direkt in ein Fahrrad hinein laufe, das plötzlich vor mir bremst.

Wütend will ich vorbeigehen und stocke.

Der Kleine. Das ist Tim.

Er hat einen ziemlich roten Kopf und sieht verschwitzt aus. Schüchtern lächelt er mich an.

»Hey!«, sagt er einfach und steigt vom Rad.

Ich bin zu verblüfft und starre ihn erst einmal sprachlos an.

»Sorry, bin etwas spät daran«, entschuldigt er sich. »Ich hatte keinen der mich fahren konnte und mit dem Rad dauert es doch länger als gedacht.« Er schaut mich an und legt den Kopf leicht schief. »Alles okay?«

Ich reiße mich zusammen und wundere mich, wie schnell meine Wut in freudige Erwartung umgeschlagen ist. Er ist doch gekommen.

Breit lächle ich und mustere ihn genau. Er sieht klasse aus. Seine Jeans liegt eng genug an, um seinen feschen Hintern zu betonen, und er hat ein ebenso enges dunkelblaues T-Shirt an. Eigentlich nichts Besonderes. Trotzdem sieht er umwerfend sexy aus.

»Schon okay«, brumme ich. »Ich bin auch gerade erst angekommen.« *Lügner.*

Er schiebt sein Rad neben mir her, als wir zum Eingang gehen.

»Meinst du, ich kann das Rad hier irgendwo sicher anketten?«, fragt er mich. »Ich will ungern zu Fuß nach Hause laufen.«

Wenn es nach mir geht, braucht er auch nicht laufen. Allerdings würde ich ihn auch nicht unbedingt direkt nach Hause fahren, denke ich und der Gedanke bewirkt ein neues Grinsen.

Ich schaue mich um und tatsächlich gibt es einen Fahrradständer an der Bushaltestelle nur wenige Meter neben dem Club. Ich deute darauf.

»Dort dürfte es gehen.« Wir gehen hinüber und ich halte das Rad fest, während er es routiniert ankettet.

»Hast du denn noch keinen Führerschein?«, frage ich neugierig. Tim schüttelt den Kopf und verzieht das Gesicht.

»Ich spare noch drauf«, erklärt er. »Das ist ganz schön teuer. Meistens kann mich einer von der Family fahren, aber heute hatten alle schon was vor.«

Mir wird erneut bewusst, dass er ganz schön jung ist. »Du gehst noch zur Schule, oder?« Tim nickt: »Ich mache gerade mein Abi.«

»Echt?«, rutscht es mir heraus. »Welche Fächer?« Er hat das Schloss festgemacht und geht nun neben mir her zum Club zurück.

»Englisch und Deutsch als Hauptfach. Und Biologie und Kunst als Nebenfach«, gibt er mir die Info.

»Willst du den studieren?« Warum interessiert mich das eigentlich? Ach, ich will einfach mehr über ihn wissen.

Tim zuckt die Schultern und lächelt mich von der Seite an.

»Ehrlich gesagt weiß ich es noch nicht genau. Eigentlich habe ich von der Schule die Nase voll«, erzählt er. Kann ich gut verstehen. Ging mir nicht anders. Deshalb habe ich auch lieber eine Lehre in der Werbebranche gemacht.

Wir sind kurz vor dem Eingang, als er ganz plötzlich stehen bleibt und mich am Arm zu sich herumdreht. Tim kichert verlegen und grinst mich an.

»Sorry, aber ich war gestern irgendwie etwas neben mir. Ich weiß nicht einmal, wie du heißt«, gesteht er. Er wird wieder rot. Weil er an gestern denken muss?

Ich schmunzle. Erleichterung durchflutet mich. Ich dachte schon, es würde ihn nicht interessieren. »Mark. Mark Benedikt.« Jetzt muss ich ihm nur noch meine Telefonnummer geben. Ich grinse zufrieden.

»Mark.« Tim lässt den Namen über die Lippen perlen. Klingt nett, wenn er meinen Namen sagt. Plötzlich beugt er sich noch weiter herüber und schaut zu mir hoch. Er beißt sich in die Unterlippe und flüstert: »Danke noch mal für gestern.«

Verflucht. Meine Lenden kribbeln, mein Schwanz erinnert sich nur zu gut. Am liebsten würde ich ihn gleich mit zu mir nehmen, allerdings weiß ich ja gar nicht, ob er wirklich noch mal will.

Ich grinse noch immer, als wir uns in die Reihe stellen. »Hat dir also gefallen?«, frage ich und schiebe dabei die Zunge genießerisch in die Unterlippe. Er grinst zurück.

»Ja«, sagt er schlicht. »War klasse.«

Ich bezahle für uns beide und Tim muss natürlich seinen Ausweis vorzeigen. Ich schiele dabei über seine Schulter. Okay, er ist wirklich neunzehn. Timothy Carter steht da.

»Du hast aber keinen deutschen Nachnamen«, erkundige ich mich, als wir reingehen. Er sieht mich überrascht an und begreift wohl, dass ich seinen Ausweis gesehen habe.

»Nein«, erklärt er. »Mein Vater ist Engländer.« Dann verschluckt uns bereits die laute Musik, die fast jede Unterhaltung unmöglich macht. Ums Unterhalten geht es hier ja auch eher nicht. Hier wird getanzt, geflirtet, geküsst, angefasst, heißgemacht. Es geht um Sex. Immer und überall, in jeder Ecke.

Ich ziehe Tim einfach mit mir in den Lärm, die Lichter, die Menschenmenge hinein. Er lässt es sich gefallen, lächelt mich mit seinen tollen Augen an, als ich ihn auf die Tanzfläche ziehe.

Ich bin mir durchaus bewusst, dass mich einige Männer neidisch oder auch überrascht anstarren. Sie sind mir alle egal. Ich ziehe Tim eng an mich heran. Schmunzelnd lässt er zu, dass ich ihm meine Hände an die Hüften lege.

Sein schlanker Körper bewegt sich gut zu der Musik. Ich kann schon wieder meine Augen nicht von ihm lassen. Tim hat seine Hände jetzt ebenfalls locker auf meine Hüften gelegt und strahlt. Er sieht zufrieden aus. Wir brauchen keine Worte, unser Tanz wird langsam enger und enger. Sein Becken presst sich fester an meines, ich komme ihm näher, und ehe ich mich versehe küsse ich ihn in aller Öffentlichkeit.

Ich. Mark Benedikt. Der praktisch nie küsst.

Da geht mein Ruf dahin. *Ach, verdammt, es ist ja nur ein Kuss.* Andere hier küssen auch. Mehr und viel länger.

Tim geht drauf ein und erwidert den Kuss. Da er eine gute Ecke kleiner ist als ich, muss ich mich hinab beugen. Wir küssen uns, während wir weiter tanzen. Wir sind beide ein wenig verlegen, als wir voneinander lassen. Aber wohl aus unterschiedlichen Gründen.

Er weicht etwas zurück, vielleicht hat er sich vor seinem Mut erschrocken. So ein Quatsch. Ich habe ja gesehen, dass sein Freund ihn auch küsst und darin ist er echt gut.

Ob ich ihn darauf ansprechen sollte? Aber was will ich wissen? Wieso er einen Freund hat und trotzdem noch nie Sex hatte? Blödes Thema und eigentlich geht es mich ja nichts an. Ich finde es klasse, das er da ist und mehr als ein netter Abend wird es eh nicht werden, also was soll es.

Viel zum Quatschen kommen wir eh nicht, weil die Musik einfach zu laut ist. Wir tanzen die meiste Zeit ziemlich eng und zwischendurch lade ich ihn zu etwas zum Trinken ein. Tim ist locker und scheint den Abend zu genießen. Ich auch.

Es gefällt mir gut, mit ihm zu tanzen, zu küssen, unsere Körper aneinander zu reiben. Natürlich ist das Ganze sehr erotisch und das macht gerade so einen Spaß inmitten der anderen Männer.

An der Bar hat ihn natürlich gleich einer angemacht, als ich die Getränke bestellte. Ein böser Blick von mir und der Typ verschwand. Ein paar andere linsen immer wieder mal herüber, den meisten dürfte allerdings schon klar sein, dass er mir gehört.

Heute Abend habe ich auch keinen Blick für die Männer, die mir vielsagende Blicke zuwerfen. Derzeit will ich nur ihn.

Keine Chance, Jungs. Heute Nacht gehört der Kleine ganz mir. Kommt damit klar.

»Kommst du öfter hierher?«, fragt mich Tim, als wir schließlich den Club verlassen.

Beim letzten Tanz habe ich meine Hände langsam hinten in seine Hose gleiten lassen und seinen Hintern umfasst. Er hat gelächelt und mich gewähren lassen. Ich habe ihn geküsst und gegen sein Ohr gehaucht. Ich brauchte keine Worte, als ich ihn dann mit mir zum Ausgang gezogen habe.

»Ja, eigentlich jedes Wochenende. Hier kann man immer gut Typen abschleppen.« *Mist, das wollte ich gar nicht so sagen.* Vorsichtig beobachte ich, wie er darauf reagiert. Entweder hat er es überhört, oder es schockt ihn nicht. Ich habe ihm ja schon gestern gesagt, dass ich es eigentlich nie zweimal mache und es mir nur um Sex geht.

Vielleicht bildet er sich auch was darauf ein, dass ich ihn wieder abschleppe? Ist ja auch egal. Wir werden Spaß haben und nur das zählt.

»Machst du es sonst wirklich immer nur einmal?«, erkundigt er sich nun doch.

»Wir nehmen mein Auto«, lenke ich ab, als er zu seinem Fahrrad schaut. Tim zögert nur kurz und folgt mir zum Parkplatz.

»Ja«, brumme ich etwas verspätet. Ich gebe aber keine Erklärung ab, warum ich ihn nun schon zum dritten Mal haben will und er fragt nicht weiter nach.

Bis wir in der Wohnung sind, sagt er nicht mehr viel. Er wirkt lange nicht so nervös wie gestern. Klar er weiß ja nun auch eher, wie es läuft. Ich lächle vor mich hin und er bemerkt es natürlich.

»Was?«, fragt Tim irritiert nach und schenkt mir ebenfalls ein Lächeln.

»Heute wirst du bestimmt nicht mehr flennen«, erkläre ich ein wenig bösartig. Natürlich zuckt er zusammen und schaut betreten auf den Fußboden. Tim schweigt eine ganze Weile dann erklärt er leise: »Ich hatte echt Panik, du würdest es einfach so machen, als du mich gepackt hast. Ich war ganz schön dumm, oder?«

Ich zögere einen Moment mit der Antwort, denn ich hatte ja zwischendurch wirklich die Absicht gehabt, ihn mir mit Gewalt zu nehmen. Nur ganz kurz, aber immerhin.

»Ich war unglaublich scharf auf dich, ich hätte es fast getan«, gebe ich zu und er schaut erstaunt herüber. Ich bin lieber ehrlich.

»Echt«, bekräftige ich und bin nicht stolz drauf. »Hätte ich gewusst, dass du … dass es dein erstes Mal ist, hätte ich dich gar nicht abgeschleppt.« Wir biegen in meine Straße ein.

Tim sieht etwas betreten aus. »Warum nicht?«

»Na ja, ich will einfach nur Sex haben. Keine Komplikationen. Ich bin nicht der Typ fürs erste Mal«, erkläre ich bewusst grob. Ich will ihm nichts vormachen. Nicht, dass er irgendwie glaubt, da wird mehr als ein Fick draus.

Gut ist es ja schon. Aber nicht viel mehr.

»Ich fand es okay«, sagt er so leise, dass ich es fast nicht höre, während ich das Auto parke.

Es war mehr als okay, Kleiner. Es war weitaus mehr als das. Aber das sage ich ihm natürlich nicht.

Das Treppenhaus ist leer und das nutze ich, ihn schon auf dem Weg nach oben zu küssen und an mich zu ziehen. So dauert es etwas länger, bis wir vor meiner Tür stehen. Ich schaffe den Balanceakt, ihn zu küssen und gleichzeitig aufzuschließen. Er hat seine Hände in meinen Nacken gelegt.

Ohne mit dem Küssen aufzuhören, schiebe ich ihn durch den Flur in Richtung Schlafzimmer. Mein Atem geht bereits keuchend und ich bin jetzt schon steinhart. Eigentlich schon, seit Tim mich im Auto an gestern erinnert hat. Ich drücke mein Becken an ihn, sodass er es auch merkt. Er grinst frech.

»Scheine dir echt zu gefallen«, bringt er heraus, lässt eine Hand nach unten gleiten und streicht über meinen Schritt.

»Und wie«, keuche ich. Meine Lust ist gegenüber gestern womöglich noch größer, weil ich schon weiß, wie schön es gleich mit Tim werden wird.

Ich schiebe ihn rückwärts durch die Schlafzimmertür und zerre ihm bereits das T-Shirt vom Körper. Seine Hände sind auch schon fleißig und knöpfen meine Hose auf. Seine Finger da unten machen es mir nicht leichter, mich auf seinen Mund und das widerspenstige T-Shirt zu konzentrieren. Irgendwie bin ich es endlich los und arbeite an seiner Jeans.

Er schafft es, seine Turnschuhe im Gehen abzustreifen und heute trägt er wohl auch keine lästigen Socken. Als ich meine Hände an seinen empfindlichen Seiten entlang streifen lasse, werden seine Bewegungen plötzlich fahrig und er unterdrückt die stöhnenden Laute. Ich grinse, denn es ist einfach zu schön, wie er reagiert.

»Ich glaube, ich habe noch nie jemanden erlebt, der da so empfindlich ist«, flüstere ich ihm zu und probiere es gleich noch einmal. Tim presst die Lippen aufeinander und schaut mich böse an, während er sich krümmt. Kitzlig ist er auch.

Ich lache leise und küsse ihn, während ich ihn aufs Bett drücke.

Meine Hose rutscht von alleine hinab und ich schüttle sie einfach weg. Kurz löse ich mich von ihm und ziehe ihm die Unterhose aus. Bevor er viel machen kann, bin ich mit meinen Lippen an seinem Schwanz. Verzückt höre ich, wie er heftig Luft holt, bei meinem plötzlichen Vorstoß auf seinen Intimbereich.

Ich küsse seine Erektion, mehr eine weiche Berührung und spiele ein wenig mit meiner Zunge am Schaft und an der Vorhaut. Er hat sich auf die Ellenbogen gestützt und sieht mir zu. Sein flacher Bauch hebt und senkt sich hektisch.

Von unten grinse ich ihn an, löse mich von ihm und schiebe mich über ihn aufs Bett. Ich setze mich auf seine langen Beine, sodass ich seinen Schritt direkt vor mir habe und beginne ihn dort zu streicheln. Ich knete seine Hoden und streiche dabei immer wieder auch über die weiche Haut an der Innenseite seiner Schenkel.

Heute versucht er leider, sein wundervolles Stöhnen zu kontrollieren. Ich streiche ihm wieder über die Seiten und er wendet den Kopf seitwärts, um die Lustlaute im Kopfkissen zu ersticken.

»Hey, ich höre dich gerne stöhnen«, erkläre ich. »Du bist hier unglaublich empfindsam.«

»Du etwa nicht?«, keucht er und schaut mich aus halb geschlossenen, lustverhangenen Augen an.

»Nein. Eigentlich nicht. Woanders vielleicht schon«, gebe ich nachdenklich zu.

»Wo denn?« Tim wird neugierig. Ich zucke nur mit den Schultern. Schmunzelnd lasse ich mich seitwärts neben ihn fallen und fordere ihn auf: »Probiere es doch aus.«

Bin ja gespannt, ob er sich traut. Aber ja, macht er. Tim richtet sich auf und kniet sich neben mich.

»Los, setz dich auf mich«, fordere ich ihn auf und dirigiere gleich darauf seine Hüften. Er sitzt jetzt auf mir, unsere Glieder berühren einander. Eine unglaublich heiße Stellung. Ich hoffe, nur er hält das noch etwas durch. Und ich auch.

Zögernd streicht er mir über die Seiten. Natürlich reagiere ich nicht, denn da bin ich nicht empfindlich.

»Siehst du?«, necke ich ihn und streiche gleichzeitig mit meiner linken Hand über seine Seite, woraufhin er sich regelrecht zusammenkrümmt. »Da bist nur du so empfindlich.«

»Okay, okay«, schnauft Tim und hält meine Hand auf. Er sieht mich einen Moment grübelnd an, gleitet mit seiner Hand in meinen Schritt und streichelt die Innenseite meiner Beine. Das reizt mich zwar etwas, allerdings nicht so sehr wie ihn.

»Aha«, meint er nur und ich quittiere es mit: »Da ist jeder empfindlich. Musst schon was Besseres finden.«

Er sieht irritiert aus und ich nehme seine Hand, führe sie an meinen Hals und zum Schlüsselbein.

»Probiere mal hier«, schlage ich vor. Sofort beugt er sich vor und beginnt mich dort zu küssen. Ja, da bin ich wirklich empfindlich. Noch viel erregender ist sein Schwanz, der nun zwischen uns eingeklemmt wird und direkt neben meinem heißen Penis liegt.

Ich beginne mich zu bewegen und erzeuge eine Reibung, die meine Lust sofort immens steigert. Seine Küsse werden fahriger, dennoch schafft Tim es trotzdem, mich auch am Hals weiter zu stimulieren.

Wann habe ich das eigentlich zum letzten Mal mit jemandem gemacht? Wann hat mich jemand so geküsst? Scheint eine Ewigkeit her zu sein. Klar, Tim ist noch unsicher, tastet und probiert erst mal aus, aber gerade das erregt mich, dieses vorsichtige Erkunden meines Körpers.

Mir wird bewusst, dass mein Sexleben sich eigentlich in letzter Zeit vornehmlich auf meinen Schwanz konzentriert hat. Bei Tim wird mir eigentlich erst wieder richtig klar, wie mein ganzer Körper empfinden kann. Es ist weitaus mehr als nur der übliche Sex mit ihm.

Die Reibung unserer Körper ist herrlich, mein pochender Schwanz möchte nur gerne mehr haben und ich vermute stark, Tim auch.

Ich drücke ihn hoch und rutsche zurück, Tim auf mir haltend.

»Ich will mehr von dir«, stelle ich fest und schiebe ihn seitwärts neben mich aufs Bett. Willig lässt er sich hinlegen und schaut mich erwartungsvoll an.

Wie er da liegt … Er ist so wunderschön. Ich bin schon wieder versucht, den ganzen Körper mit Küssen zu bedecken. Mühsam reiße ich mich von seinem Anblick los und greife nach der frischen Packung mit Kondomen, die bereits parat liegen, ebenso wie das Gel.

Tim robbt sich etwas hoch und öffnet mir tatsächlich die Beine, als ich mich ihm erneut zuwende.

Meine Stimme ist rau vor Erregung bei seinem Anblick: »Du würdest so geil aussehen mit Pants anstelle dieser Liebestöter.« Meine Finger wandern über das geöffnete Becken. Er zittert ganz leicht.

»Findest du?«, fragt Tim schüchtern. Ich lecke mir über die Lippen und küsse ihn kurz unter dem Bauchnabel, was er mit einem leichten Schaudern quittiert.

»Richtig geil. Du hast einen tollen Body.« Tim lächelt und plötzlich wird sein Ausdruck schelmisch. Er öffnet die Beine noch weiter und winkelt sie an, sodass ich wirklich freien Blick auf seine ganze Körpermitte habe. Und die verlockende kleine, dunkle Öffnung da unten.

»Noch geiler, als jetzt, meinst du?«, fragt er lächelnd nach.

Ich muss laut loslachen. Er ist einfach klasse. Wie er anfängt mit mir zu spielen, einfach genial.

Ich streife mir schnell das Kondom über, schiebe meine Hand unter ihn, drücke sein Becken hoch, um besser an seinen Eingang heranzukommen. Ich nehme gleich zwei Finger, auch wenn das bei ihm ein etwas schmerzhafteres Stöhnen erzeugt, drücke die Tube direkt an ihn und presse. Er schaudert, als die kalte Masse in ihn dringt und ich bewege sogleich meine Finger, um es zu verteilen und ihn den Schmerz vergessen zu lassen.

»Soll ich mich umdrehen?« Seine Stimme bebt vor Lust. Ich nicke, auch kaum noch fähig, etwas zu sagen, und er kommt dem sofort nach.

»Kannst es wohl kaum erwarten?«, knurre ich und beuge mich über ihn, als ich mein Glied in Position bringe.

»So herum komme ich tiefer in dich hinein«, verspreche ich ihm mit rauer Stimme und beginne bereits mich in ihn zu drücken.

»Gut«, stöhnt er und heute entspannt er sich deutlich schneller. Klar es ist noch immer recht eng und ich brauche eine ganze Weile, mit einigen Pausen, bis ich ganz in ihm bin. Dennoch geht er völlig in meinen Bewegungen auf, scheint sich mir immer anzupassen.

Weiterhin versucht er sein erotisches Stöhnen zu unterbinden, bis ich atemlos keuche: »Lass es mich hören. Ich will dich hören, Tim.«

Da erst entringt sich ihm dieses langgezogene überaus sinnliche Stöhnen und lässt mich fast sofort kommen. Ich beherrsche mich noch so gerade eben und führe mehrere heftige Stöße in Richtung seiner Prostata aus. Zusammen mit meiner Hand, die ihn hektisch pumpt, reicht es aus, dass er kommt und ich mit ihm.

Ich falle diesmal wirklich einfach auf ihn und werde von seinem bebenden Körper geschüttelt.

Unglaublich. Kann es angehen, das es von Mal zu Mal besser wird?

Wir liegen lange nebeneinander. Verklebt, verschmiert und zu erschöpft, uns viel zu bewegen. Ich habe meinen Arm um ihn geschlungen und meine freie Hand streichelt ihm durch sein Haar. Tim döst, scheint ihn immer noch ganz schön umzuhauen. Kein Wunder, wie er sich gehen lässt. Er bewegt sich ganz leicht.

»Na, wieder da?«, frage ich sanft.

»Ja.« Nuschelnd wendet er mir sein Gesicht zu. Ich verspüre das Bedürfnis, meine Hand wegzuziehen, sodass er mich nicht dabei ertappt, wie ich ihm durchs Haar streiche. Eigentlich albern und so lasse ich sie da.

Tim schaut mich einfach nur an. Der Blick aus blauen Augen wandert über mein Gesicht und ich erwidere seinen Blick.

»Läufst du heute auch wieder weg?« Ich versuche meine Stimme frei von Emotionen zu halten, denn ich hoffe eigentlich, dass er die ganze Nacht bleibt. Allerdings weiß ich gar nicht …

»Wann musst du zuhause sein?«, frage ich deshalb vorsichtshalber nach. Sein Mund zuckt.

»Gar nicht. Mein Dad meint, ich bin alt genug, zu wissen, wann ich heimkommen will.«

Ah, der Mann ist mir sympathisch. Ich entspanne mich etwas.

»Außerdem steht mein Fahrrad ja noch am Club«, meint er leise.

»Kein Problem, ich fahre dich sonst auch nach Hause, wenn du willst«, verspreche ich, hoffe aber, dass er das nicht als Aufforderung sieht, und ergänze deshalb sofort: »Ich würde dich ungern schon gehen lassen.«

Meine Stimme ist leise und unsicher geworden. Ich bitte fast nie um etwas und ich will nicht, dass er denkt, ich … Keine Ahnung.

Ich halte ihn nur gerne im Arm und außerdem ist die Nacht lang. Vielleicht will er ja auch noch mal …

Tim macht zum Glück keine Anstalten aufzustehen, senkt nach einer Weile nur den Blick und rekelt sich wohlig. Sein wunderbarer Duft steigt auf. Das und seine Körperwärme wiederum lullen mich regelrecht ein.

»Warum hast du mit mir eigentlich mehr als einmal geschlafen?«, will Tim plötzlich wissen.

Gute Frage. Wenn ich das so einfach beantworten könnte. Aber Ehrlichkeit vor.

»Weil du gut bist«, gebe ich zu, was der Wahrheit nahe kommt, aber bei Weitem nicht genügend ausdrückt, was ich empfinde. Das mit ihm war der beste Sex, den ich seit Langem hatte, wenn nicht sogar der beste jemals.

»Ich habe doch gar keine Ahnung davon«, meint er nur scheu.

Ich muss grinsen. Ohne die Augen zu öffnen, erkläre ich: »Du lässt dich immer total fallen. Deine Lust ist irre. Ich kann dich dabei steuern. Das ist mehr als sonst. Sonst ist es einfach nur Sex.«

»Und das was wir machen, ist kein Sex?«, fragt Tim doch glatt nach.

Ich muss nun doch etwas träge lachen.

»Doch. Klar. Aber eben … anders. Intensiver. Besser.« Warum sollte ich es ihm verschweigen? Meine Augen fallen zu. Ich bin echt müde.

»Aber es ist doch eigentlich auch nur Sex«, wendet er ein.

Kleiner Klugscheißer.

»Tim, bei dir ist es irgendwie anders als nur Sex«, sage ich bestimmt und mein Gehirn ist viel zu träge, um weiter Smalltalk zu machen.

Nicht zu fassen. Ich unterhalte mich nach dem Sex mit ihm. So langsam werde ich mir echt unheimlich.

Ich döse weg, ihn fest im Arm haltend.

Nummer Sechzehn

Sonntag der 15.
Morgens 11 Uhr.

Der Tag fängt ja echt beschissen an.

Morgens ist er schon weg. Als ich aufwache, ist die andre Bettseite leer. Nur ein Zettel liegt da: »Sorry, muss wegen meiner Family eher weg. Melde mich bei dir. Danke.«

Ich starre schon seit mindesten zehn Minuten auf diesen blöden Zettel. Abgehauen. Er ist einfach verschwunden. Ich habe es nicht mal gehört.

Wie will er sich denn melden? Er hat ja nicht mal meine Nummer.

Ich komme mir echt verarscht vor. Was macht er eigentlich mit mir?

Aber was habe ich denn andererseits erwartet? Dass er mit mir frühstückt? Und dann? Ja, was eigentlich?

Ich habe keine Ahnung, dass er einfach so weg ist, schmerzt mich ziemlich. *So etwas Dämliches.* Er ist nicht mehr als ein echt guter Fick, also was stelle ich mich so an?

Tim verhält sich doch auch ganz genau so. Also warum bin ich gefrustet?

Kurz überlege ich, ob ich zu Alex fahre und meinen Ärger bei ihm loswerde. Nur würde der mich doch glatt auslachen, weil ich mich so anstelle, weil diesmal mein Fick morgens einfach weg ist und nicht umgekehrt.

Oh Mann, ich mache es doch sonst genauso. Und schließlich sind wir nicht zusammen oder so, also warum kann Tim nicht auch einfach gehen? Meine Gedanken drehen sich ständig im Kreis.

Ich gehe erst mal Duschen und ziehe mir danach irgendeinen dummen Film rein, um die Zeit totzuschlagen. Heute Abend werde ich wieder jagen gehen. Ich hänge sonst bald zurück.

Das mit Tim war ja ganz nett, bringt mich meinem Ziel aber nicht wirklich näher. Hält mich eher auf, also ist es wahrscheinlich ganz gut so, dass ich ihn los bin.

Ich schlafe tatsächlich bei dem Film ein und wache erst abends wieder auf. In aller Ruhe schmeiße ich mich in Schale und überlege mir, wo ich heute beginnen soll.

Nicht ins Gaytronic. Ich will da keinen treffen, der mich womöglich gestern auf den kleinen Twink warten gesehen hat. Da hat doch ein neuer Club eröffnet. Gemischtes Publikum, zumindest hat Arne mir das erzählt. Gute Alternative.

Langsam kehrt meine gute Laune zurück. Heute sollte mindestens Nummer sechzehn drin sein. Und wer weiß, was der Abend noch so alles bringen kann.

Einfacher Sex. Ohne viel Drumherum. Einfach und schnell.

Der Club ist ganz okay. Die Musik mir zu Trance-lastig und doch überwiegend Heteros. Zu viel Frauen hier, das schreckt die Kerle doch ab. Mich baggert eine doch tatsächlich auch an.

Tja, so einen Kerl hättest du wohl gerne im Bett, Süße.

Ich lächle sie an, mustere sie von Kopf bis Fuß und gebe ihr meinen Standardspruch: »Süße, dir fehlt was ganz Entscheidendes, um für mich interessant zu sein. Was Langes, möglichst Hartes zwischen deinen Beinen.« Ihr Gesichtsausdruck ist einfach immer wieder klasse. Diese hier sieht so aus, als ob sie mir glatt eine pfeffern will. Bei einem Heteromann hätte sie es wohl auch gemacht. Schwule Männer schlägt man nicht. Vielleicht hatte sie Angst, dass ich dann losheule. Zum Glück zieht sie endlich ab.

Schließlich habe ich was Akzeptables ausgemacht. Okay, berauschend ist er nicht. Etwas dicklich, und guten Geschmack hat er auch nicht, aber er ist ein Kerl und er reagiert, als ich ihn entsprechend abchecke. Er schlendert schließlich zu mir herüber und lehnt sich gegen die Bar, mustert mich und ist natürlich angetan, von dem, was er sieht. Ich brauche gar nicht lange herumreden.

»Bei mir?«, frage ich. Schließlich will ich danach nicht abhauen müssen, dazu bin ich zu bequem. Er nickt und legt mir auf dem Weg zum Auto schon vertraulich den Arm um die Taille. Wenn es ihm Spaß macht. Soll er ruhig.

Wir kommen bei mir schnell und unkompliziert zur Sache. Er weiß, was los ist, legt sich bereitwillig hin, keine Fragen, kein Gequatsche, nur einfach Sex. Nummer sechzehn.

Als er raus ist, liege ich kurz noch auf dem Bett, das voll mit seinem Sperma ist. Es stinkt. Ich stehe auf und ziehe die

Überdecke ab, schmeiße sie in die Waschmaschine, ebenso wie die Kissen. Ich will nicht, dass es nach ihm riecht.

Dann setze ich mich vor den Fernseher.

Okay, das war scheiße. Nummer sechzehn. Eine ganz miese Nummer. Fairerweise muss ich aber leider sagen, lag das nicht nur an ihm. Er ist immerhin gekommen, hat mir in die Hand abgespritzt. Ich hab fast nicht mal einen hochbekommen, als ich vor seinem Hintern gekniet habe. Ich musste da rasch noch mit der Hand nachhelfen, damit mein Schwanz überhaupt steif genug wurde. Und er ist wohl eher gekommen von dem, was meine Hand mit ihm gemacht hat. Das Kondom hätte ich mir sparen können.

Ich bin total gefrustet und habe absolut keinen Bock, mir noch so eine Nummer aufzureißen. Der nächste merkt vielleicht, dass ich keinen hochbekomme. Das ist mir echt zu blöd.

Meine Gedanken wandern.

Ich würde jetzt viel lieber den Kleinen ficken. Ich brauch nur an Tim zu denken, an seinen Körper, an sein Stöhnen und ich werde hart. Das hätte ich wohl vorhin mal machen sollen, vielleicht hätte es dann besser geklappt. Aber irgendwie ist mir der Gedanke zuwider.

Scheiße, soll ich mir jetzt etwa jedes Mal seinen kleinen, feschen Hintern vorstellen, wenn ich einen anderen vögel? Das ist doch krank.

Klar war Tim gut im Bett. Ich hatte vorher jedoch auch meinen Spaß, bevor ich ihn hatte. Und er ist eben nicht mehr da.

Bei diesen Bildern in meinen Kopf ist es nicht schwer, ihn sich vorzustellen. Sein süßer, knackiger Hintern hier auf meinem Schoss.

Mmh. Mein Glied pocht und auch wenn ich mich etwas

dafür schäme, so gleitet meine Hand doch in die Hose. Langsam streiche ich auf und ab, stelle mir vor, wie er seine Arme um mich schlingt, seine langen Beine links und rechts neben mir, sein heißer Schoss direkt vor mir. Er presst sich gegen mich, reibt sich an mir, flüstert mir ins Ohr: »Mehr, Mark. Schneller.« Und meine Hand wird schneller, gibt mir die Illusion, dass mein Kleiner da ist.

Ich komme schnell und heftig, befriedigend ist es allerdings nicht wirklich, denn als ich die Augen öffne, ist Tim nicht da. *Verdammt.*

Ich stehe auf, beseitige meine Sauerei auf der Couch, beziehe das Bett auch gleich neu und setze mich wieder vor den Fernseher.

Wirklich hinschauen tue ich nicht. Ich schlafe heute Nacht auch nicht in meinem Bett, sondern penne irgendwann auf der Couch ein.

Das macht sich natürlich am nächsten Tag bemerkbar.

Es ist Montag der 16. Der Büroalltag hat mich wieder.

Erst mal sehe ich scheiße aus. Okay, das lässt sich mit etwas Zeitaufwand ganz gut beheben. Zumindest habe ich da genügend Routine drin. Ist ja nicht das erste Mal nach einem heißen Wochenende, dass ich mich fürs Büro etwas restaurieren muss.

Heute sind zum Glück auch keine ganz so wichtigen Termine. Ein Treffen mit einer Heavymetal-Band. Okay, die Jungs sind eh meist schon besoffen oder tragen ihre ungewaschenen Klamotten seit zehn Jahren. Entsprechend riechen sie auch und bemerken bestimmt nicht, dass ich heute nicht ganz so taufrisch aussehe. Und Alex, der das sofort sehen würde, ist nicht dabei.

Die Jungs sind ganz okay. Keiner mein Typ, aber sie sollen ja auch vor allem gute Musik machen. Wen schert da schon ihr Aussehen?

Das Ganze hat drei Stunden gedauert, dennoch fahre ich danach nicht mehr ins Büro zurück, sondern gleich ins Fitnessstudio. Das ist immer gut, um Frust abzubauen, und außerdem arbeite ich hart daran, dass ich auch in zehn Jahren noch einen flachen Bauch habe. Kein spektakuläres Sixpack, aber es kann sich sehenlassen.

Es ist heute Nachmittag wenig los. Ich habe fast alle Geräte für mich und arbeite konzentriert. Die beste Medizin, um wieder in die Routine zu kommen. Als ich fertig bin, entdecke ich einen gut aussehenden Typ ganz hinten alleine arbeiten. Er ist groß, breitschultrig und was ich von hinten sehen kann, sieht er knackig aus. Betont langsam schlendere ich vorbei und werfe einen kurzen Blick auf ihn.

Oh ja, der könnte mir auch gefallen, auch wenn er sehr muskulös ist. Dann sehe ich sein Gesicht und um ein Haar lasse ich mir was anmerken.

Gott verdammt. Das ist der Typ, der Macker von dem Kleinen. Tims Freund, der ihn auf der Party geküsst hat und gleich danach vor seinen Augen mit einem Fick verschwunden ist.

Ich stehe immer noch wie erstarrt, als er mir einen abschätzenden Blick zuwirft. Er mustert mich und ein wohlwollendes Lächeln breitet sich auf seinem Gesicht aus. Möglichst cool gebe ich den Blick zurück und lasse auch meinen über ihn gleiten.

Scheiße, ich kann sehr gut verstehen, was Tim an dem findet. Er ist deutlich muskulöser als ich. Größer, breitschultriger und er sieht verdammt maskulin aus. Er hat sogar ein Tattoo am linken Unterarm. Den hätte wohl jede Frau gerne im Bett.

Jeder schwule Mann auch. Zumindest als Bottom und das bin ich nun definitiv nicht. Er kommt wohl zu dem gleichen Schluss, denn wir nicken uns nur verständig zu. Ein Nicken unter Jägern.

Ich gehe rasch unter die Dusche und versuche nicht mehr an ihn zu denken. Geht aber nicht. Vor allem stelle ich mir ständig vor, wie er mit dem Kleinen …

Oh scheiße. Diese Bilder will ich gar nicht in meinem Kopf haben. Ich halte den Kopf in den Duschstrahl und lasse das Wasser über meine Ohren rauschen, um alles auszuschließen. Klappt nicht wirklich. Was in meinem Kopf passiert, lässt sich nicht einfach ausschalten.

Das Fiese ist, das ich gut nachvollziehen kann, warum Tim mit diesem tollen Bodybuilder zusammen ist.

Er ist klasse. Sein Körper, seine Muskeln, jeder Zoll ein echter Traummann. Und er hat eine super Ausstrahlung. Er ist so viel mehr als ich. Ich bekomme hier gleich Minderwertigkeitskomplexe, wenn ich daran denke, dass er mit meinem Kleinen zusammen ist.

Ist ja eben nicht: »mein« Kleiner.

Was sein Freund wohl tun würde, wenn er erfährt, dass ich Tim bereits dreimal gevögelt habe? Vielleicht wollte Tim erst mal mehr Erfahrung sammeln, bevor er mit so einem ins Bett steigt? War ich da gerade gut genug für?

Mist, aber sie waren so vertraut miteinander, als ob sie schon ewig zusammen wären. Wie passt das alles nur zusammen?

Mir kommt plötzlich ein Gedanke, der in das Puzzle passen würde. Wenn er nun gar nicht sein Freund, sondern sein Bruder wäre?

Das würde die Vertraulichkeit erklären. Aber wie er ihn angefasst hat? Und geküsst? So verhält sich doch kein Bruder zum anderen. Dennoch ist der Gedanke etwas hoffnungsvoller.

Ich ziehe mich an und schlendere zu meinem Wagen auf den Parkplatz. Ich sitze schon im Auto, da sehe ich den Bodybuildertyp aus dem Studio kommen. Er hat noch seine Trainingshose an, der Oberkörper ist nackt und total verschwitzt.

Und dann stockt mir der Atem, als ich beobachte, wie er zu einem jungen, dunkelblonden Typ geht, der gerade sein Fahrrad abstellt.

Das ist Tim!

Er lächelt den Muskelmacker an, geht auf ihn zu, schmeißt sich ihm um den Hals und küsst ihn. Ich kann es genau sehen. Und damit ist meine schöne Theorie dahin.

Wer bitteschön, würde seinen Bruder in aller Öffentlichkeit direkt auf den Mund küssen? Und der Bodybuilder legt ihm die Hände auf den Hintern und zieht ihn an sich heran.

Mir wird übel. Ein ganz flaues Gefühl macht sich in meinem Magen breit und mein Herz fühlt sich an, als ob man es zusammenquetschen würde.

Die sind definitiv zusammen. Da brauche ich mir gar nichts einreden. *Schöne Scheiße.* Der Kleine brauchte bloß einen Fick, jemand, der ihm zeigte, wie es geht. *Klasse, Tim. Jetzt weißt du es ja. Nun kannst du deinen Freund glücklich machen.*

Schöner Mist. Ich komme mir voll ausgenutzt vor. Dabei war es ja nicht so, dass es keinen Spaß gemacht hätte. Aber wenn ich gewusst hätte, dass er nur mit mir schläft, um seinem Freund zu gefallen …

Ach nein, so ehrenhaft bin ich nicht. Ich hätte ihn trotzdem gefickt! Mir doch egal, weswegen er es gemacht hat. Es war geil. Aber eben auch nur Sex. Nichts Besonderes. Auch nur Sex.

Ja, klasse Mark. Wenn du dir das noch oft genug sagst, glaubst du es irgendwann auch.

Mit eindeutigen Neidgefühlen schaue ich zu, wie die beiden Arm in Arm im Studio verschwinden und haue rasch ab.

Für heute ist mein Tag gelaufen. Ich verziehe mich mit einem Film auf meine Couch. Ich bin ja noch immer in meinem Zeitplan, tröste ich mich. Es hat sich nichts geändert, die Wette läuft weiterhin.

Zu meinem Glück – oder Pech – habe ich die nächsten Tage richtig viel Arbeit und mehrere Außentermine. Zudem gibt diese Heavymetal-Band am Sonntag ein Probekonzert und da muss ich hin.

Na ja, wird ja nicht ewig dauern. Danach ist bestimmt noch Zeit, was zum Ficken zu finden. Ist ja sonst auch immer gut, wenn ich unter der Woche viel Arbeit habe. Das lenkt ab, sodass ich nicht viel zum Grübeln komme.

Allerdings auch nicht zum Ficken. Ab Dienstag gerate ich nun doch tatsächlich ins Hintertreffen. Leider habe ich auch am Mittwoch wirklich keine Lust, noch loszuziehen und verschiebe es auf Donnerstag. Da muss ich aber wirklich einen aufreißen, sonst wird es knapp mit der Wette.

Und ich verliere nicht gerne. Gerade gegen Alex nicht.

Der Unterschied zwischen einem Ferrari und Sex

Endlich Wochenende. Jagdsaison.

Es ist Freitag der 20.

Und vor mir liegt das ganze Wochenende. Ich muss mich dringend um meine Wette kümmern, immerhin liege ich weit zurück.

Gestern Abend kam doch tatsächlich noch eine SMS von Tim auf mein Handy. Kurz bevor ich los wollte: »Treffe ich dich morgen Abend ab 20 Uhr im Club? Gruß Tim.« Kurz und knapp.

Wie ist er nur an meine Nummer gekommen, frage ich mich. Ich hab sie ihm nicht gegeben. Mein Handy lag neben dem Bett. Wenn er so leise rausgeschlichen ist, dass ich ihn nicht gehört habe, kann er natürlich auch nachgeschaut haben, wie meine Nummer lautet.

Raffinierter kleiner Kerl.

Dann wollte er mich wohl schon da wieder treffen, oder?

Aber damit habe ich auch endlich seine Nummer, denn sie ist nicht unterdrückt. Ich speichere sie rasch ab. Tim steht da. So viele Tims kenne ich auch nicht.

Eigentlich sollte ich sauer auf ihn sein. Aber weswegen eigentlich? Und eigentlich freue ich mich vor allem darauf, ihn wieder zu treffen.

Damit hatte ich auch überhaupt keine Lust mehr, mir noch einen aufzureißen. Nicht wenn ich ihn morgen wieder haben kann.

Okay, ich werde wohl mit meiner Wette noch mehr ins Hintertreffen geraten. Egal. Samstag und Sonntag ist ja immer noch genug Zeit. Ich bin da optimistisch. Wird schon klappen.

Deshalb bin ich am Freitagabend auf dem Weg zum Gaytronic. Allerdings bin ich extra später losgefahren. Will nicht, dass er glaubt, ich komme nur wegen ihm besonders früh.

Und vor allem will ich nicht wieder draußen rumhängen müssen, wo mich jeder sieht.

Es ist irgendwas vor 21 Uhr und wird langsam voll, als ich ankomme. Ich schaue mich um, ob ich sein Fahrrad sehe, aber da ist nichts.

Vielleicht ist er doch nicht gekommen? Oder schon wieder weg, weil ich nicht aufgetaucht bin? Mist, ich hätte doch früher kommen sollen.

Aber hey, er hat doch gesagt, dass ihn sonst auch jemand aus seiner Familie fährt. Also könnte er doch da sein.

Oh Mann, ich hasse mich für diese ganzen verqueren Gedanken. Er ist da oder eben nicht. Wenn nicht, hole ich mir Nummer siebzehn.

Drinnen schlägt mir dröhnend die Musik entgegen. Es ist rappelvoll. Ich schlendere erst mal zur Bar und besorge mir was zu trinken, dann kann ich mich in aller Ruhe umschauen.

Es sind viele junge Typen da. Oder mir fällt es besonders auf, weil ich speziell nach diesem Typ Ausschau halte und natürlich nach Tim suche.

Bei dem flackernden Licht ist es nicht ganz einfach, schließlich entdecke ich ihn doch. Er ist da. Tanzt mit einem gut gekleideten, dunkelhaarigen Mann. Der drängt sich recht nahe an Tim und seine Hände sind auch nicht mehr auf dessen Schultern. Irgendwie versetzt mir das einen Stich in den Magen.

Hey, Moment, den Typ kenne ich doch. *Oh, verfluchte Scheiße!* Das ist Alex! Was macht der denn hier? Und was macht er mit Tim?

Ich muss erst mal schlucken. Alex tanzt mit meinem Kleinen. Und es scheint ihm durchaus zu gefallen. Also Tim. Alex natürlich, dem gefällt das mit Sicherheit.

Ich stehe blöd an der Bar herum und starre beide an. Alex' Hände sind definitiv tiefer, als sie sein sollten. Und Tim? Er scheint zu lachen. Gefällt ihm das?

Mein Magen ist Eis.

Klar, er kann ja eigentlich tanzen, mit wem er will. Er gehört nicht nur mir. Aber ausgerechnet mit Alex? Der will ihn doch auf jeden Fall ins Bett bekommen. Weiß Tim das? Bestimmt nicht. Alex ist sexy, Alex ist der Traum schlechthin, aber Sex ist für ihn nichts anderes, als eine exquisite Mahlzeit.

Ich beobachte genau, wie Alex' schlanke Hände über Tims Rücken wandern und sich auf seinen perfekten Hintern legen. Da kann ich irgendwie nicht zugucken.

Entschlossen stelle ich mein Getränk ab und bahne mir den Weg durch die Tänzer zu ihnen. Tim entdeckt mich als Erster, schenkt mir ein strahlendes Lächeln und winkt.

»Hey«, begrüßt er mich und löst sich sofort aus Alex' Armen, der ihn offensichtlich nicht so gerne entweichen lässt. Aber dann sieht er mich und lächelt ebenfalls. Pokerface. Doch plötzlich runzelt er die Stirn, als er meinen Gesichtsausdruck sieht.

Mist, ich kann mich gerade nicht besonders gut verstellen. Alex' Blick huscht von meinem Gesicht zu Tim und wieder zurück und er beginnt überaus selbstgefällig zu lächeln. Meine Faust möchte gerne Bekanntschaft mit seinem Kinn machen.

»Hey, Mark«, begrüßt Alex mich betont freundlich, während ich ihn nur finster anstarre und mühsam versuche, mich zu kontrollieren und zu meiner normalen, lockeren Maske zurückzukehren. Dem Mir-doch-alles-Egal-Gesicht, was sonst gut funktioniert.

Tim blickt mich etwas unsicher an. Er ist einen Schritt auf mich zugekommen, als ob er mich anfassen wollte, dann aber stehen geblieben.

»Hey, Kleiner«, begrüße ich ihn und bekomme endlich mein Gesicht wieder in den Griff. Ich lächle ihn an und gebe ihm demonstrativ vor Alex' Augen einen Kuss, lege meinen Arm um seine Hüfte und ziehe ihn dicht heran. Er erwidert sofort meinen Kuss und schmiegt sich an mich.

Alex feixt hinter seinem Rücken. Soll er doch denken, was er will. Von Tim lässt er besser seine Finger.

Alex zieht die Augenbrauen ein wenig hoch. Kein gutes Zeichen.

»Also das ist die Nummer fünfzehn?«, fragt der Scheißkerl nach und mein Gesicht entgleitet mir prompt.

Du verdammter Mistkerl. Hättest du das nicht für dich behalten können? Alex grinst. *Das zahle ich dir irgendwie heim, du mieser, vorlauter Arsch.*

Tim sieht mich irritiert an. Er hat auch gemerkt, wie ich mich angespannt habe. Wenn mein Blick giftig wäre, würde sich Alex bereits in Krämpfen auf dem Boden winden. Ich glaube, das hat er auch gemerkt. Er feixt trotzdem weiter, so leicht schüchtert man einen Alexander Rotkamp nicht ein.

»Noch viel Spaß ihr zwei«, meint er leichthin, wirft Tim einen durchaus bedauernden Blick zu und verschwindet tatsächlich in der Menge. Sofort entspanne ich mich, aber Tim ist unser Blickduell natürlich nicht entgangen.

»Nummer fünfzehn?« Sein Gesicht spiegelt widerstreitende Emotionen wieder.

Mist, die Bemerkung hätte sich Alex echt sparen können. Der Kleine wird es bestimmt nicht gerade gut aufnehmen, dass er nur Teil einer Wette war. Aber verdammt, ich will ihm auch nichts vormachen. Ich bin ein Ehrenmann, ich bin immer ehrlich.

»So eine blöde Wette zwischen uns«, brumme ich fast zu leise, leider hört er genau zu.

»Was für eine Wette?«, fragt er misstrauisch und spannt sich deutlich an. Ich ziehe ihn fest in eine Umarmung und beginne mit ihm zu tanzen.

»Ich habe mit Alex eine Wette laufen, dass ich es schaffe, 30 Typen in 30 Tagen flachzulegen.«

Okay, das schockiert Tim nun doch, denn er hört kurzfristig auf, sich mit mir zu bewegen. Ich erkenne an seinem Gesicht, dass er begreift.

Scheiße. Ich wollte ihm das nicht sagen.

»Ach, und ich war also Nummer fünfzehn?« Er klingt pikiert. Sein Ausdruck tut mir weh. Aber verdammt, ich habe ihm nie was vorgemacht, oder?

»Ja«, sage ich leichthin und ergänze sofort: »Ich habe dir doch gesagt, dass ich sonst jeden Typ nur einmal flachlege. Du bist die Ausnahme.«

Er schaut unsicher. Doch dann verändert sich Tims Gesicht und er sieht cool und gelassen aus. Er lächelt sogar.

»Und bei welcher Nummer bist du jetzt?«, fragt er nach und grinst.

»Nummer sechzehn. Letzten Sonntag, wenn du es genau wissen willst«, antworte ich und ziehe ihn eine Spur dichter heran.

»Erst sechzehn?« Er runzelt die Stirn. Ich kann genau erkennen, wie er nachrechnet. »Wir haben aber heute schon den 20.«

»Ja.« Ich zucke die Schultern. Tim schaut mich fragend an. Gegen die Musik anzubrüllen ist echt zu mühsam. Ich ziehe ihn kurzerhand in eine ruhigere Ecke, in der gerade nicht geknutscht oder gefummelt wird.

»Wenn du es genau wissen willst: Nach dem Letzten hatte ich keinen Bock mehr«, erkläre ich leicht genervt, weil mir das echt peinlich ist.

»Wieso?«, fragt er unsicher nach. Meine Hände beginnen eigenständig über ihn zu wandern. Das ist wie ein Reflex. Da kann ich echt nichts gegen tun. Sobald sein Körper vor mir ist, will ich ihn berühren, ihn streicheln. Verrückt.

»Deine Schuld«, sage ich gerade so laut, dass er es hören kann, und grinse ihn an. Tim blickt überrascht auf. Überrascht bemerke ich seine Hände an meinem Rücken. Wann hat er die denn da hingelegt? Ist auf jeden Fall schön.

»Ich habe kaum einen hochgekriegt, weil ich dabei an dich denken musste«, gebe ich zu und genieße sein erstauntes Gesicht. Mein Körper drückt sich stärker an ihn, schiebt ihn an die Wand. Mir wird langsam, aber sicher sehr warm. In meinen Lenden kribbelt es schon mehr als deutlich.

»Wenn ich an dich gedacht habe, habe ich schon einen Harten gekriegt, nur eben nicht, als ich mit dem anderen bei der Sache war«, flüstere ich in sein Ohr. Meine gleiten spielerisch in seine Hose.

Scheiß Ehrlichkeit! Aber ich war nie gut im Lügen. Und warum soll ich ihm was vormachen?

»Du bist jetzt schon wieder ganz schön hart«, flüstert er dumpf unter mir, denn mittlerweile habe ich ihn völlig mit meinem Körper an die Wand gedrückt. Seine Worte jagen wie Elektrizität durch meine Adern.

Ich weiche rasch etwas von ihm ab, sonst würde ich ihn glatt erdrücken. Oder hier und sofort nehmen.

Ich keuche, während ich mich löse. Mein Kopf summt seinen Namen, meine Lippen wollen ihn kosten, mein Unterleib pocht heftig. Nun legt er sogar noch seine Hand auf meinen Schritt. Ich spüre die Wärme seiner Hand durch den Stoff hindurch.

Perplex starre ich ihn an. Tim lächelt, seine Augen sind voll Verlangen. Nicht länger schüchtern. Dieser Tim weiß, was er will. Mich.

»Würdest du denn …«, beginnt er und beißt sich in die Wange, »noch mal mit mir schlafen wollen?« Seine Stimme ist leise, dennoch verstehe ich jedes Wort. Alles ist in seinem Blick.

Er fragt mich tatsächlich, ob ich noch mal mit ihm …?

Ja! Klar! Sofort! Jetzt!

Aber ich sage nichts, mein Gesicht, meine Augen verraten mich ohnehin. Keine Ahnung, aber dieser kleine Typ hat eine unglaubliche Wirkung auf mich. *Wow.*

Wortlos ziehe ich ihn zum Ausgang. Sein Arm hat sich um meine Taille geschlungen und löst sich erst, als wir das Auto erreicht haben. Ich kann mich kaum auf die Fahrt konzentrieren. Seine Gegenwart ist mir mehr als bewusst, sein Geruch macht mich high.

»War der wirklich so schlecht?«, fragt er und reißt mich aus meinen wirren, schmutzigen Gedanken.

»Wer?« Verwirrt schaue ich ihn an.

Tim lächelt spöttisch. »Na, die Nummer sechzehn.« Er kichert und ich muss ebenfalls lachen. Seine Gegenwart, die Gewissheit, was wir gleich tun werden, lässt mich merkwürdige Sachen sagen.

»Es war so, als ob man einen Ferrari gefahren ist und danach wieder nur einen alten Golf hat«, gebe ich grinsend zurück.

Oh, Tim wird rot und schaut betreten auf seine Füße.

»Bin ich der … Ferrari?« Abermals beißt er sich in die Wange. Sexy.

»Ja.« Ich schaue ihn dabei nicht an.

»Du siehst klasse aus. Sex mit dir ist heiß und exklusiv und du beschleunigst auch gleich von Null auf Hundert«, fasse ich ernsthaft zusammen. Sehr wohl bemerke ich, wie er bei meinen Worten zusammenzuckt und sich in seinem Unterleib etwas tut. Tim rutscht unruhiger hin und her.

»Aber zu meinem Glück kommst du nicht ganz so schnell«, ergänze ich schmunzelnd. Tim windet sich regelrecht, so heiß machen ihn meine Worte. Ich lächle zufrieden.

Wow. Klasse, wie die Röte über seine Wangen kriecht.

Tim stößt die Luft aus und sagt erst mal eine Weile lang nichts. Plötzlich schaut er zu mir herüber und grinst: »Und ich bin nicht rot.«

»Sicher?« Hat er eine Ahnung. »Schau mal in den Spiegel.« Ich pruste los, als er es tatsächlich macht, und handle mir einen schmerzhaften Knuff in die Seite ein.

»Hey, ich muss mich aufs Autofahren konzentrieren«, jammere ich. Tim beugt sich tatsächlich zu mir herüber und küsst mich leicht auf die Wange. Das macht das Ganze nicht leichter. Wirklich nicht.

Der Weg vom Parkplatz durch den Flur in meine Wohnung ist zum Glück menschenleer. Wir hätten jeden schockiert, der uns begegnet wäre, denn eigentlich besteht der ganze Weg nur aus wilden Küssen.

Mein Hemd und sein T-Shirt sind schon vor der Wohnung auf dem Boden gelandet. Zum Glück brauche ich jeweils an den Türen etwas um sie aufzuschließen und Tim ist geistesgegenwärtig genug, die Sachen aufzusammeln. Wäre schwer gewesen, meinen Nachbarn, das zu erklären. Zumindest peinlich.

Im Schlafzimmer reiße ich mir die Hose herunter und Tim steht gleich darauf tatsächlich mit Pants vor mir. Er hat es echt gemacht!

Anscheinend steht er auf blau, denn sie sind dunkelblau und er sieht einfach nur umwerfend aus. Mir stockt der Atem bei dem Anblick. Er bemerkt es natürlich. Meine Erregung ist auch kein Geheimnis, da ich bereits nackt bin und wie schnell der da unten jetzt steif wird, auch nicht.

»Gefällt es dir?«, fragt er. Mir fehlen die Worte. Es ist geil! Sein sexy Body in diesen engen Hosen. Mir wird plötzlich so heiß, dass ich schon jetzt kommen könnte. Ich stehe sprachlos da und starre ihn nur an. Er ist perfekt.

Tim grinst, als er meinen Blick voll Gier sieht. Er macht Anstalten die Pants auszuziehen.

»Warte«, keuche ich, trete auf ihn zu und er bricht überrascht ab.

»Lass«, bringe ich atemlos hervor. »Bleib einfach so stehen.«

Tim schaut unsicher, tut jedoch, was ich ihm sage. Ich umkreise ihn mehrfach, nehme alles an ihm besonders intensiv wahr.

Er ist unglaublich heiß. Dieser Körper ist absolut perfekt. Ich knie mich hinter ihn und schiebe die Pants mit den Händen langsam nach unten, lege seinen runden Hintern frei.

Tim stößt die Luft aus, spannt sich an und drückt den Rücken durch, als ich Küsse auf sein Gesäß hauche.

»Du bist so was von heiß«, nuschle ich, stehe langsam auf und streife ihm dabei die Hose hinunter. Er schaudert und lehnt sich rückwärts an mich. Mein heißes, pochendes Glied reibt sich an seinem verführerischen Hintern. Am liebsten würde ich gleich zur Sache kommen. Andererseits will ich länger was von ihm haben.

Deshalb schlinge ich die Arme um ihn und schiebe ihn zum Bett. Tim liegt vor mir und ich möchte jeden Moment mit ihm genießen. Mein heißer Schwanz giert nach Erlösung, aber mir ist eine andere Idee gekommen.

Ich greife in die oberste Schublade meines Tisches und hole eine Flasche Öl heraus.

»Hat dich schon mal jemand massiert?« Meine Zunge spielt mit meiner Unterlippe.

»Ja.« Tim schaut das Öl misstrauisch an.

»Okay. Aber bestimmt noch nicht so«, antworte ich und lass etwas von dem Öl auf seine nackte Brust tropfen. Rosenöl. Ich mag den Duft, da bin ich klischeeschwul.

Ich verreibe es auf seiner Haut, massiere es in kreisenden Bewegungen ein. Tim lehnt sich genießerisch zurück. Ich lasse erst mal seine empfindlichen Seiten aus und beginne das Öl von seiner Brust aus in Kreisen zum Bauch und Nabel zu verteilen. Er rekelt sich wohlig und seine Bewegungen verursachen bei mir eine Gänsehaut.

Wieso es mir so einen Spaß macht, ihn zu berühren, ihn zu sehen, wie er sich lustvoll windet? Keine Ahnung, es gefällt mir total, wenn er passiv da liegt und ich mit ihm machen kann, was ich will. Und heute will ich ihn wahnsinnig machen vor Lust.

Meine Hände gleiten immer wieder spielerisch zu seinen empfindlichen Seiten, was ihn jedes Mal erschauern lässt. Langsam erreiche ich mit dem Öl seinen Intimbereich, massiere an seinen Schamhaaren vorbei. Seine Bewegungen werden heftiger und endlich kommt dieses geniale Stöhnen.

Ich wandere vorbei an seinen Genitalien, die ich bewusst auslasse, auch wenn sein Glied schon voll erigiert ist, und reibe neues Öl in die weiche Haut im Übergang zu den Beinen ein. Tim stöhnt abermals, windet sich unter meinen Berührungen. Langsam gleiten meine Hände an der Innenseite der Beine entlang.

Tim zittert vor Anspannung und unterdrücktem Verlangen. Ich gehe tiefer, als er plötzlich meinen Namen hervorstößt: »Mark! Bitte, ich kann mich nicht mehr lange …«, der Rest geht in einem Stöhnen unter.

»Du willst also schon kommen?«, frage ich schelmisch. Er ist gar nicht wirklich in der Lage zu antworten.

»Ohne mich?« Ich tue geschauspielert enttäuscht.

»Bitte«, fleht er lustvoll, meine Hände liegen in seinem Intimbereich, ohne seinen tropfenden Schwanz oder die prallen Hoden zu berühren. Sein Becken stößt nach oben, schreit um Erlösung. Ich beuge mich langsam vor.

»Okay, dann will ich dich mal alleine fliegen lassen«, erkläre ich mit heiserer Stimme, denn das Ganze macht mich ebenso an, als ob ich ihn ficken würde.

Ich lasse sein Glied in meinen Mund gleiten. Bei der unerwarteten Berührung sieht er überrascht auf, stützt sich auf die Ellenbogen und schaut mich fasziniert an. Ich weiß, dass er kurz davor steht. Es braucht nur wenige Bewegungen meiner Zunge über seine empfindliche Eichel und seine Hoden ziehen sich zusammen. Der Orgasmus kommt heftig.

»Mark!«, stößt er warnend hervor und versucht sich mir zu entziehen. Ich behalte ihn im Mund, drücke mit den Händen sein Becken hinunter um jeden Tropfen von ihm aufzunehmen. Tims Gesicht ist eine Mischung aus Entsetzten und Ekstase.

In mir steigt ein Lachen auf, welches ich wie sein Sperma hinab schlucke. Erst als er wieder ruhig liegt, lasse ich ihn aus meinem Mund gleiten.

»Ich konnte nicht mehr«, stößt Tim sichtlich verlegen

hervor und sieht mich entschuldigend an. »Sorry, ich wollte nicht in …« Er ringt sichtlich um Worte.

»Hey, das war aber genau, wie ich es wollte, okay?«, beruhige ich ihn.

Das war also auch sein erster Blowjob? Niedlich. Er hat echt überhaupt keine Erfahrungen. Kurz taucht der Bodybuilder in meinen Gedanken auf, ich verdränge ihn sofort wieder.

»Ist das denn …«, beginnt Tim zögernd und beschämt, »Schmeckt das denn überhaupt?« Ich grinse ihn breit an und schiebe mich auf ihm langsam höher. Mein Glied ist steinhart.

»Alles an dir ist süß«, hauche ich und streichle ihn sanft. Mein Blick senkt sich und ich schaue ihn lüstern an. »Willst du vielleicht auch mal kosten?« Ich schiebe mich höher, bis ich auf seiner Brust sitze, das Gewicht noch auf meinen Beinen abgestützt. Ich will ihn ja nicht zerdrücken. Mein Glied ist direkt vor seinem Gesicht.

Entzückt sehe ich, wie er sich sofort vorbeugt und versucht es mit seinen Lippen zu erreichen. Ich spiele etwas mit ihm, indem ich mich immer wieder etwas von ihm entferne, sodass er mich nur flüchtig erwischt. Lachend beuge ich mich weiter vor, damit er mich bequem erreichen und ich mich mit einer Hand an der Wand abstützen kann.

»Benutze einfach deine Zunge und Lippen«, fordere ich ihn heiser auf. Die Situation ist extrem erregend, meine Lusttropfen zieren bereits sein Kinn.

Tim nimmt mein Glied zögernd in den Mund und leckt über den Schaft. Mir entringt sich ein lautes Stöhnen. Ermutigt macht Tim weiter. Noch unsicher, tastend, vorsichtig. Aber es ist genial.

Ich spüre, wie ich den Höhepunkt erreiche und ziehe mich rasch genug zurück, sodass ich nicht in seinen Mund abspritze, sondern nur auf seine Brust und meinen Bauch. Ich will ihn ja nicht gleich verschrecken.

Keuchend lasse ich mich seitwärts neben ihm auf den Bauch fallen und genieße wohlig die letzten Zuckungen. Es dauert eine Weile, bis ich mich wieder auf die Seite drehe und ihn zufrieden anschaue.

Tim rollt sich ebenfalls auf die Seite und schaut mich intensiv an. Mit einem Finger nimmt er etwas von dem Sperma auf und kostet es misstrauisch. Das ist so erotisch, dass ich unwillkürlich den Atem anhalte.

»Na ja«, meint er abfällig und verzieht den Mund. »Mit Erdbeergeschmack wäre es besser.«

Ich kann nicht an mich halten, pruste los vor Lachen. Mein ganzer Körper wird geschüttelt. Tim ist echt die Wucht.

Er stimmt ein, lacht erst unsicher, dann lauter mit und schließlich liegen wir atemlos und immer noch leise kichernd nebeneinander. Ich betrachte ihn ausgiebig, kann mich nicht sattsehen an ihm. Er ist wirklich was ganz Besonderes.

»Vielleicht sollte ich nächstes Mal vorher Erdbeeren essen?«, schlage ich vor. Tim kichert wieder los. Ohne nachzudenken, streiche ich ihm durchs Gesicht.

Er ist unglaublich hübsch. Ich muss ihn nur betrachten und in mir ist wieder so ein warmes Gefühl. Tims Gesicht ist ernst geworden.

Ich bin versucht, ihn wegen seinem Freund zu fragen. Dass er eigentlich mit einem anderen zusammen ist, verursacht mir Unwohlsein, schmerzt tief in mir. Er ist so klasse, der Gedanke daran, wie ihn jemand anders berühren darf, ihn küsst, ihn in seinem Bett liegen hat, lässt einen harten Kloß in meinem Hals entstehen. Aber ich schlucke ihn hinunter.

Ich will den Zauber dieses Moments nicht zerstören und außerdem habe ich noch mehr mit ihm vor. Hier und jetzt in meinem Bett gehört Tim ganz mir. Nur mir. Und ich werde jede Sekunde mit ihm auskosten.

»Lust auf mehr?«, frage ich nach einer Weile nach.

»Du kriegst nie genug, oder?«, stellt Tim die Gegenfrage.

»Eigentlich nicht.« *Von dir kriege ich nicht genug, Kleiner.*

»Drehst du dich mal auf den Bauch?«, frage ich mit erneutem Verlangen in der Stimme. Tim sieht entsetzt an sich hinunter: »Mark, ich werde dir das ganze Bett versauen mit dem ganzen Öl. Das geht nie wieder raus.« Er sieht herrlich scheu und unsicher aus.

Ich beuge mich über ihn. Bringe mein Gesicht ganz dicht an seines, meine Augen drücken Verlangen, ungezügelte Gier aus. Tim weicht unwillkürlich etwas zurück. Ich muss wie ein Raubtier aussehen.

»Du wirst mir das Bett gleich mit noch viel mehr vollsauen, Tim«, flüstere ich mit belegter Stimme. Ich fühle genau, wie sich sein Herzschlag bei meinen Worten sofort beschleunigt und sein Atem hektisch wird. Tims Gesicht hat einen Ausdruck morbider Faszination angenommen und mein Grinsen wird gefährlicher.

»Dreh dich um«, hauche ich und richte mich auf, um ihm die Gelegenheit zu geben, der Aufforderung nach zu kommen. Tim dreht sich sofort um. Sein Körper bebt vor Erwartung.

Braver Junge.

Ich nehme das Öl und lasse es großzügig auf ihn fließen. Tim zuckt bei jedem Tropfen zusammen. Sein Körper ist angespannt und fast schon überreizt, als ich beginne das Öl auf ihm zu verteilen, es in sanften, kreisenden Bewegungen über die Schultern und den Nacken zu verteilen. Da ist er nicht so empfindlich, angenehm dürfte es da trotzdem sein.

Tim hat den Kopf seitwärts gedreht und die Augen geschlossen. Ich hocke halb auf ihm, eigentlich schon in der perfekten Position, seine langen Beine unter mir.

Ich lasse mir und ihm Zeit, die Erregung kommt langsam wieder, baut sich auf, während ich mich weiter nach unten arbeite, dabei das Öl weiter auf ihm verteile. Als ich seinen empfindlichen Bereich kurz vor dem süßen Hintern erreiche, beginnt er bereits zu stöhnen und sich schaudernd zu bewegen.

Ich bewege meine Hände langsam über sein Gesäß, massiere ihn fester und gleite spielerisch immer wieder in seine Spalte, ohne dabei den Eingang zu berühren. Er wird deutlich unruhiger, erregter und drückt sich mir entgegen.

Okay, er scheint es ebenso zu wollen wie ich. Ich tausche das Öl gegen Gel und Kondom und spiele noch etwas mit meinen Fingern in ihm, nur um sicher zu gehen, dass er bereit ist. Mir ist wichtig, dass er keine Schmerzen hat, es für ihn ebenso lustvoll ist, wie für mich.

»Bist du endlich mal soweit?«, fragt er plötzlich stöhnend nach. »Was machst du da so lange?« Ich muss lachen.

Kleiner Mistkerl. Er will also endlich mehr? Kann er haben.

»Genießen«, brumme ich knapp und rutsche von seinen Beinen herunter, die er sofort willig spreizt. Ich warte nun auch tatsächlich nicht viel länger, sondern dringe in ihn ein.

Es geht leicht, einfach, er ist offen und bereit und ich fange sofort an, mich zu bewegen, uns gezielt zum Höhepunkt zu treiben. Wir kommen schließlich fast gleichzeitig und die Gefühle reißen mich mit sich fort.

Wie kann das jedes Mal so geil sein, wenn ich mit ihm Sex habe? Wieso ist es bei ihm so viel mehr?

Der Morgen danach

Eine fantastische Nacht.

Haben wir noch zweimal, dreimal? Ich weiß es nicht mehr genau. Aber es war jedes Mal berauschend.

Samstag der 21.

Morgens 10 Uhr. Tim ist noch da. Nicht abgehauen. Liegt neben mir, nackt. Ich habe ihm nur die leichte Überdecke übergezogen. Er schläft noch und ich liege neben ihm, habe mich auf meinen Ellenbogen gestützt und bin in seinen Anblick vertieft.

Sein schmales, sommersprossiges Gesicht ist entspannt, sein Mund ist zu einem feinen Lächeln verzogen. Sein Duft, gemischt mit dem Geruch von Schweiß, Rosenöl und Sex umgibt mich.

Eine fantastische Mischung. Ich sollte ein solches Parfüm kreieren. Ich könnte ein Vermögen verdienen. Aber ich will ja gar nicht, dass jemand anders es riecht. Das gehört ganz mir.

Ich ertappe mich bei dem Gedanken, dass es schön wäre, öfter neben ihm aufzuwachen, ihn zu betrachten, wenn er schläft. Schmerzhaft zieht sich meine Brust zusammen, wenn ich daran denke, dass er mit jemand anderem zusammen ist.

Ob ich ihn nicht doch darauf ansprechen sollte? Ich bin immer ehrlich zu ihm gewesen. Ich möchte es ja nur wissen.

Und wenn er ja sagt? Ja, ich habe eigentlich einen festen Freund und du bist nur ein netter Fick? Nein, das will ich gar nicht hören. Dann es lieber nicht wissen. Das schmerzt zu sehr.

Ich sollte die Zeit genießen, die er bei mir ist, die ich ihn haben darf und nicht der andere. Letztlich muss Tim ja bei mir mehr finden, als bei dem, oder? Vielleicht findet er selbst heraus, mit wem es besser ist?

Ach Mark, mach dir nichts vor. Du hast den Kerl gesehen. Würdest du so jemand gegen dich austauschen? Keine Chance.

Hast schon Recht, Kleiner, kann dich verstehen. Bin ja auch nur ich, der irgendwie mehr von dir will. Dabei ist es doch nur Sex. Nur ficken. Mehr nicht. Wirklich nicht.

Ich schlucke den harten Kloß hinunter und stupse ihn an, um ihn aufzuwecken.

»Hey! Hey, Tim. Aufwachen, Schlafmütze.« Er nuschelt irgendwas und bewegt sich, schlägt die Augen auf und rollt sich zu mir herüber.

»Morgen«, nuschelt er und lächelt mich an. Strahlend blaue Augen.

»Morgen, du.« Ich lächle zurück. Tim sieht richtig niedlich aus, so verschlafen. Ich reiße mich zusammen, um ihn nicht gleich wieder zu küssen. Verpasse ihm aber mit dem Finger einen sanften Stups auf die Nase.

»Wenn du erst duschen willst, mache ich uns schon Frühstück, okay?« Das Lächeln wird noch breiter. Wohlige Wärme breitet sich plötzlich in mir aus.

Mark Benedikt, du hast nicht wirklich gerade diesem kleinen Twink einen liebevollen Blick zugeworfen, oder? Sieht so aus, denn er schaut ebenso zurück.

Scheiße, ich glaube, ich bin echt dabei, mich in ihn zu verknallen.

Ich zwinge mich dazu aufzustehen.

Frühstück. Ich wollte Frühstück machen. *Konzentriere dich darauf, nur darauf.*

An der Tür werfe ich einen Blick zurück. Tims Blick ist mir gefolgt und er schaut mich wirklich offensichtlich liebevoll an.

Scheiße, dieser Blick geht mir durch und durch. Fast renne ich gegen den Türrahmen, als ich mich rasch abwende.

Frühstück, erinnere ich mich. Und verdammt: Ich muss Alex anrufen. Eigentlich bin ich mit ihm zum Frühstück verabredet.

Scheiße. Ich will ihm gerade nichts erklären müssen.

Missmutig nehme ich mein Handy und tippe ihm rasch eine SMS: »Habe verpennt. Verschieben wir auf morgen? Wir sehen uns.«

Okay, das ist sehr kurz und nicht ganz wahr, aber ich will nicht mit ihm reden müssen. Nicht jetzt. Und bevor er auf die Idee kommt, zurückzurufen, schalte ich das Handy auf stumm und nach kurzem Zögern auch mein Festnetztelefon. Ich will gerade keine Störungen.

Als Tim frisch gewaschen aus dem Badezimmer kommt, sitze ich, nur mit Unterhose bekleidet, in meiner kleinen Küche.

Ich habe eine Küche mit einem Bartisch und Barhockern davor, die in den Wohnbereich übergeht. Ich habe ja selten Gäste hier und für mich reicht es absolut.

Tim kommt zögernd herein, ist bereits voll angezogen, nur die nassen, strubbeligen Haare zeigen, dass er gerade geduscht hat. Ich mache eine einladende Handbewegung, stehe auf und gehe auf die andere Seite.

»Magst du lieber Kaffee oder Tee?« Ich hebe abwechselnd die Kanne der Kaffeemaschine und den Wasserkocher.

»Tee, bitte«, antwortet er und kraxelt auf einen der Barhocker. Dabei rutscht er unruhig hin und her.

»Alles okay?«, frage ich nach. Tim schaut etwas unbehaglich aus.

»Ja. Schon«, meint er zögernd und rutscht abermals hin und her.

»Bin wohl etwas wund da unten«, gibt er verlegen zu. Ich muss schmunzeln. Mein Grinsen wird immer breiter.

»Lach nicht so blöd«, stößt Tim hervor und versucht mich böse anzusehen, seine Mundwinkel zucken dabei. »Daran bist schließlich du schuld.«

»Hey! Hast du mich was sagen gehört?« Ich hebe gespielt ertappt die Arme und setze endlich das Teewasser auf. Dann beuge ich mich zu Tim vor, der nun endlich eine angenehmere Position gefunden hat.

»Aber ich kann dich da gerne besonders intensiv eincremen, wenn du möchtest«, schlage ich schmunzelnd vor und amüsiere mich köstlich, als Tim rot wird und mich mit offenem Mund anstarrt.

»Geht schon«, presst er hervor, beißt sich in die Wange und setzt mutiger hinterher: »Komme vielleicht später drauf zurück.« Nun grinst er frech.

Klasse, Tim gefällt mir einfach immer besser. Er ist anfangs schüchtern, ja, aber er kann auch gut kontern.

Ich hole die Brötchen aus dem Backofen und gieße ihm einen Tee ein. Schwarz möchte er, und ich beobachte pikiert, wie er sich Zucker nimmt und Milch hinein gießt. Er bemerkt meinen Blick und lächelt: »Noch eine englische Angewohnheit.«

»Bist du denn Engländer?«, frage ich interessiert nach.

»Ich bin in England geboren.« Er nickt. »Mein Vater arbeitet für eine deutsche Firma. Deshalb bin ich vor fünf Jahren auch hierher gekommen.« Er zögert, will aber offensichtlich nicht mehr dazu sagen, sondern widmet sich seinem Tee.

»Ah, deshalb dein englischer Name.« Ich nicke wissend und reiche ihm ein Brötchen. Tim nimmt sich reichlich Marmelade und ich beobachte verzückt, wie ein Teil davon an seinem Mundwinkel hängen bleibt und er es genießerisch ableckt. Wieder so eine erotische Geste. Ich muss aufpassen, dass ich bei ihm nicht ständig an so etwas denke. Er macht es mir echt schwer.

»Was arbeitest du denn?«, erkundigt er sich und schenkt sich Tee nach.

»Oh, ich arbeite für eine Werbeagentur. Ich betreue vor allem einen Kunden, der Konzerte organisiert. Ich mache das ganze Drumherum. Merchandising, Werbung usw.« *Du hast ihn sogar gestern kennengelernt, Kleiner.* Aber das sage ich ihm natürlich nicht.

»Macht dir dein Job Spaß?« Tim klingt sehr interessiert.

»Klar. Ist manchmal stressig, aber im Großen und Ganzen, ja.« Mir kommt plötzlich eine sehr gute Idee: »Heute ist ein Probekonzert einer neuen Band. Da testen die, ob alles klappt für den echten Auftritt. Hast du nicht Lust mit zu kommen?« Klinge ich hoffnungsvoll? Ich hoffe nur, dass ich nicht zu sehnsüchtig ausschaue.

Tim strahlt.

»Echt? Oh das wäre klasse!«, jubelt er ganz erfreut. Ich grinse zurück.

»Ist aber nichts Großes. Eine kleine Newcomerband. Heavymetal. Keine Ahnung, ob du so etwas magst.«

»Aber klar. Also, nicht alles«, räumt er ein. »Aber gibt da wirklich Gute. Ein paar höre ich echt gerne. Die meisten werden dir aber wohl nichts sagen«, lenkt er ein und nennt mir einige Namen. Ich lächle. »Doch, habe ich mal gehört. Die sind nicht schlecht. Aber ich höre nicht alles von denen«, gebe ich zu.

»Zu heavy mag ich auch nicht«, gibt Tim zu und hakt ungläubig nach: »Und du würdest mich echt da mitnehmen zu dem Konzert heute?«

»Probekonzert. Ist alles nicht so spektakulär, aber klar. Wenn du Lust hast.«

»Klasse!«, stößt er aus und strahlt mich an.

»Also geht klar. Ich muss gegen 16 Uhr da sein. Willst du zwischendurch noch mal nach Hause oder hier bleiben?«, frage ich nach. Tim wirft mir einen scheuen Blick zu.

»Wenn es für dich okay ist, würde ich gerne … bleiben«, sagt er zögernd und unsicher. »Aber nur, wenn ich dich nicht nerve.«

»Sonst hätte ich nicht gefragt«, erkläre ich knapp. »Ich gehe mal eben auch unter die Dusche. Du kannst dir gerne einen Film reinschmeißen, wenn du willst.« Ich deute auf meine umfangreiche DVD-Sammlung.

»Oh, wow.« Tim ist begeistert, als er mein Regal sieht, das im Prinzip die ganze Wand einnimmt. »Klar mache ich.«

Ich gehe duschen und bin mir die ganze Zeit bewusst, dass er noch da ist. Bei mir in der Wohnung. Erstaunlicherweise kein beängstigendes, sondern ein gutes Gefühl. Tim wird noch da sein, wenn ich aus der Dusche komme und er wird den ganzen Tag mit mir verbringen.

Ich freue mich jetzt richtig auf das Konzert. Das Ganze hat nur den einen Haken: Alex wird natürlich auch da sein. Blöde Kommentare sind also vorprogrammiert. Geht ihn aber schließlich nichts an, was ich mit Tim mache. Solange er ihn nicht wieder anmacht, wird nichts passieren.

Als ich aus dem Bad komme, steht Tim vor dem Regal und mustert kritisch meine Sammlung. Überrascht sehe ich, dass er aufgeräumt hat. Das Geschirr ist weggeräumt und alles sauber gewischt.

Wow, der Kleine ist gut erzogen.

Ich gehe ins Schlafzimmer, suche mir was zum Anziehen und beseitige unsere Spuren von letzter Nacht. Es riecht immer noch nach Rosen und ich grinse vor mich hin. Ich werde diesen Geruch von nun an immer mit ihm assoziieren. Keine Chance, das werde ich nicht mehr los.

Als ich angezogen aus dem Schlafzimmer zurückkomme, sitzt Tim mit angezogenen Beinen auf dem Sofa und hat bereits einen Film eingelegt. Da er in Englisch läuft, erkenne ich ihn nicht sofort.

»Was schaust du?« Wie selbstverständlich setze ich mich direkt neben ihn. Er wirft mir einen scheuen Blick unter seinem strubbeligen Schopf zu.

»Transporter. The Mission«, erklärt Tim. »Den habe ich im Fernsehen noch nicht gesehen.« Und er schaltet rasch auf den deutschen Ton um.

»Magst du Actionfilme?«, frage ich nach und meine Hand wandert völlig selbstverständlich über seine Schultern.

»Na ja«, murmelt Tim und spannt sich an, als ich meine Hand auf seiner Schulter liegen lasse.

»Nicht jeden. Aber der ist klasse. Es ist herrlich übertrieben und das Timing finde ich klasse. Einfach gute Unterhaltung. Nichts … tiefer gehendes«, antwortet er stockend, während meine Hand ihn sanft krault. Tim schaut mich plötzlich sehr unsicher an. Er schluckt.

»Mach ich dich etwa nervös?«, frage ich unschuldig belustigt nach.

»Ein bisschen«, gibt er zu. »Das ist ungewohnt.«

Ach ja? Gute Gelegenheit nachzufragen.

»Du hast wirklich noch nicht so viel Erfahrung mit anderen Männern, oder?« Ich denke an seinen großen, muskulösen Freund.

»Nein«, sagt Tim leise.

So ein frecher, kleiner Lügner.

»Du bist der Erste«, gibt er überzeugend von sich.

Wieso lügt er mich an? Ich werde ein kleines bisschen sauer. Warum ist er nicht ehrlich? Was soll das Ganze?

Ich bin versucht ihn direkt damit zu konfrontieren, aber da seufzt Tim auf, lehnt sich an mich und rutscht herunter. Er lehnt seinen Kopf an meinen Hals und kuschelt sich regelrecht an mich.

Mir bleibt jeder Satz im Hals stecken. Ich lege den Arm um ihn und genieße seine Nähe.

Ich mag den Film auch.

Und ihn.

Seinen Kopf an meinem Hals. Seinen Körper so nahe.

Ach verdammt. Er wird mir das mit seinem Macker erzählen oder auch nicht. Eigentlich ist es doch egal. Wir sind ja schließlich kein Paar oder so.

Wäre ja noch schöner.

Heavy Metal Konzert

Gegen 15 Uhr machen wir uns fertig für das Konzert. Heißt, er sitzt auf dem Bett und schaut mir zu, wie ich ein paar Outfits verwerfe.

»Du bist ja ganz schön eitel«, meint er, als ich das dritte oder vierte Hemd wieder ausziehe. Ich werfe ihm einen bösen Blick zu.

»Sieht eben nicht jeder so gut im T-Shirt aus, wie du«, erkläre ich schnippisch. Tim grinst.

»Ich finde, du siehst in dem blauen am besten aus.« Rasch bricht er ab und schaut betreten zu Boden.

»Findest du echt?« Ich nehme es hoch, halte es vor mich und mustere es kritisch. Na, wenn er meint.

»Okay, wenn es dir gefällt«, lenke ich ein und ergänze leichthin: »Wenn ich damit keinen abschleppen kann, bist nur du schuld.«

Tim schaut kurz bestürzt, hat sich jedoch sofort wieder im Griff. *Oh verdammter Mist: Fettnäpfchen.*

»Du hängst bei deiner Wette ganz schön zurück«, stellt

er fest und zupft an einem Hemd herum, ohne mich anzusehen. »Vielleicht hast du ja heute Glück.« Er tut cool, aber ich glaube, es macht ihm doch etwas aus. Vielleicht hat er auch ein schlechtes Gewissen, weil ich wegen ihm so in Verzug geraten bin? *Ja, klar, Mark. Bilde dir was ein.* Aber Tim weiß schließlich, dass er nur einer von mehreren ist.

Ich betrachte mich im Spiegel. Schaue echt gut aus. Aber eigentlich ist es egal. Es ist nur ein Rockkonzert. Dabei fällt mir noch etwas ein.

»Schau mal im Flur in den großen Karton da«, werfe ich Tim über die Schulter zu. »Da dürfte was für dich dabei sein. Such dir was Passendes aus.« Er blickt mich erstaunt vom Bett aus an und geht in den Flur. Ich lächle vor mich hin und höre auch prompt einen freudigen Aufschrei: »Oh Mann, das ist ja geil!«

Ich grinse. Scheint ihm zu gefallen. Kurze Zeit später steht Tim wieder in der Tür und hat mehrere T-Shirts in den Händen. »Die sind ja klasse. Wo hast du die denn her?« Er stürmt ins Zimmer und hält sich probeweise eins an.

»Die habe ich selbst entworfen. Das ist das Band-Logo in verschiedenen Varianten. Das werden die Fan-Artikel. Such dir einfach aus, was dir gefällt, dann bist du in jedem Fall richtig gekleidet. Und der erste, der ein Fan-Shirt hat.« Schmunzelnd beobachte ich ihn. Er ist echt begeistert.

»Oh, wow! Die sind alle klasse. Und die hast du entworfen? Irre!« Tim ist ganz aus dem Häuschen.

»Tower of Lightning« steht auf jedem Shirt, der Name der Band. Es gibt insgesamt vier Entwürfe. Bei jedem spielt natürlich der Blitz eine Rolle. Effektvoll in blauem Licht. Sieht schon klasse aus. Zugegeben, ich bin auch mächtig stolz auf die Teile. Und es wird sich bestimmt gut machen, wenn ich sie sogar an meinem eigenen Model präsentieren kann. Vor allem wenn das Model so gut aussieht wie Tim.

Dieser zieht sich prompt sein Shirt aus und schlüpft in das erste. Ja, ich muss zugeben, ist mir gelungen. Es sieht toll aus. Natürlich sieht an ihm alles klasse aus. Ich mag es, wenn er Sachen trägt, die eng anliegen. Ich trete hinter ihn und schmunzle über seine Begeisterung.

»Welches Motiv gefällt dir am besten?«

Tim zieht eins nach dem anderen an.

»Dies hier«, sagt er schließlich entschlossen. Es ist das mit dem dunklen Turm, aus dem die Blitze zucken und den Schriftzug bilden. Ich nicke wohlwollend. Ist auch mein liebster Entwurf. Der Kleine hat einfach Geschmack.

»Prima. Dann ist das jetzt deins«, erkläre ich.

»Echt? Du gibst mir das einfach so?«, fragt er ungläubig nach.

»Nein«, antworte ich bestimmt. »Ich erwarte, dass du damit Werbung läufst. Besser, als an dir kann ich es kaum präsentieren.«

Tim lächelt geschmeichelt und betrachtet sich ausgiebig im Spiegel. Ich lege spontan von hinten meine Arme um ihn und schaue ihn über die Schulter hinweg an: »Wer ist denn jetzt eitel?«

»Idiot«, gibt er zurück und lehnt sich an mich. »Es ist wunderschön. Vielen Dank.« Er wirbelt zu mir herum, umfasst mein Gesicht mit den Händen und küsst mich heftig auf den Mund. Das kommt so überraschend, dass ich um ein Haar zurücktaumle.

Oh Mann, das sollte er besser lassen. Meine Hose wird sehr schnell zu eng und wir müssen leider gleich los. Deshalb schiebe ich ihn mit sanfter Gewalt von mir.

»Ich nehme dein Dankeschön gerne später an«, flüstere ich mit belegter Stimme. Tim lächelt verschmitzt, kneift die Lippen zusammen.

»Bist du sonst fertig?«

»Brauche nur noch meine Schuhe.« Tim bückt sich um einen unter dem Bett hervorzuziehen und sein Blick gleitet suchend durchs Zimmer. Der andere liegt direkt neben der Tür. Er setzt sich aufs Bett und schnürt sich die Schuhe zu.

Ich komme schon wieder auf nicht jugendfreie Gedanken und lenke mich ab, indem ich mein Handy einstecke. Dabei bemerke ich, dass es immer noch auf stumm geschaltet ist.

Ah, Mist. Das hatte ich vergessen. Ich schalte das Festnetztelefon ebenfalls wieder ein, aber da ist ohnehin ein AB daran. Mein Handy piepst gleich mehrfach und ich überfliege kurz die Nachrichten.

Alex hat etwas geahnt, denn allein fünf Anrufe sind von ihm und auch zwei SMS. Ich überfliege sie kurz: »Verpennt oder noch beschäftigt? Melde dich. Sehe dich später. Vergiss das Konzert nicht! Alex.«

»Der Kleine etwa? Nummer fünfzehn? Verausgabe dich nicht zu sehr. Ich erwarte detaillierten Bericht. Morgen selbe Zeit! Alex.« Wieso weiß er Bescheid? Na, klasse und nun tauche ich noch mit Tim auf. Wehe Alex macht den ganzen Abend blöde Bemerkungen. Ich sollte ihn mir wohl gleich schnappen und da was klären.

»Fertig«, sagt Tim neben mir. Rasch stecke ich das Handy weg und schnappe mir die Autoschlüssel.

»Hilfst du mir mit den Kartons?« Tim nickt eifrig und packt auch schon mit an.

Auf dem Weg zum Konzert spiele ich ihm ein bisschen von der Musik vor. Einiges gefällt ihm, viele Stücke bestehen allerdings wirklich nur aus wildem Grölen. Könnten auch Gorillas im Nebelwald sein. Das sage ich auch so und Tim lacht: »Wenn du das meinst. Du bist der Fachmann.«

Ich erzähle ihm von meiner Arbeit, von anderen Bands, den Konzerten, was alles dazugehört. Alex' Firma veranstaltet sehr unterschiedliche, hat sogar Klassik und Volksmusik dabei. Tim hört gespannt zu, scheint ihn wirklich zu interessieren. Ich komme nicht umhin, von Alex zu erzählen, immerhin ist er mein Kunde.

»Du bist auch gut mit ihm befreundet, oder?«, fragt Tim nach.

»Oh, ja«, erkläre ich. »Wir kennen uns schon lange. Er hat in Amerika gelebt und sich früh selbstständig gemacht, und als ich mit der Lehre fertig war und den Job in der Agentur bekommen habe, war er derjenige, der mich für seine Firma haben wollte. Ich verdanke ihm viel von meinem beruflichen Erfolg.«

Widerwillig gebe ich zu: »Du hast ihn übrigens schon kennengelernt. Du hast mit ihm im Club getanzt. Nummer fünfzehn. Erinnerst du dich?« Fast wünsche ich mir, er würde nein sagen. So ein Blödsinn. Natürlich wird er sich an Alex erinnern. Jeder erinnert sich an Mister Supersexy.

Stattdessen schaut Tim überrascht zu mir herüber. »Das war Alex? Wow, der sah echt gut aus.« *Klar, ist dir das aufgefallen,*

Kleiner. Mist, wäre ich nur schon früher da gewesen. So ein Typ wie Alex fasziniert jeden. Ganz bestimmt auch Tim. Und Alex würde niemals nein sagen.

»Ihr seid beide schwul. Hast du mit ihm …« Tim schaut ein wenig verlegen zu mir herüber und kaut auf der Unterlippe herum.

»Du meinst, ob wir miteinander geschlafen haben?« Ich amüsiere mich, wie schwer es ihm noch fällt, darüber zu reden.

»Na ja, er sieht wirklich gut aus und da dachte ich …« Tim bricht ab und wird rot.

»Alex ist überzeugter Top. Und ich auch. Das passt nicht. Wir sind uns in der Hinsicht viel zu ähnlich.« Verneinend schüttle ich den Kopf. Tim zögert und fragt nach: »Äh? Ein Top?«

Hat der Kleine denn gar keine Ahnung? Anscheinend nicht. Na ja, bin ich eben Nachhilfelehrer in Schwulisch: »Top. Oben eben. Aktiv. Wir ficken beide lieber, als dass wir uns ficken lassen.« Tim zuckt zusammen, bemüht sich jedoch um eine lässige Haltung.

»Ach so«, meint er möglichst cool. Eine ganze Weile sagt er nichts.

»Hast du denn schon mal … umgekehrt … ich meine …«, stottert er. Ich grinse. Ganz schön neugierig, mein Kleiner.

»Lange her«, gebe ich zu. »Mein erstes Mal lag ich unten. Danach fand ich es anders einfach besser. Kann ich wohl auch am besten.«

»Oh ja«, seufzt Tim versonnen und verschluckt sich fast vor Schreck, als ihm klar wird, dass er ziemlich laut geseufzt hat. Ich schmunzle. So etwas höre ich schließlich gerne. Also gefällt ihm offensichtlich, wie ich ihn ficke. Beruht auf

Gegenseitigkeit. Das schmeichelt meinem Ego ganz schön. *Tja, Kleiner, ob dein großer Macker da mithalten kann.*

Alex entdeckt uns natürlich sofort, kaum tauchen wir inmitten des Gewusels auf. Er steuert direkt auf uns zu.

»Hey, Mark! In Begleitung, was für eine Überraschung. Und in so dekorativer.« Alex fängt meinen warnenden Blick grinsend ab.

»Hallo.« Tim nickt ihm zu. Alex tritt zurück und mustert den sichtlich verlegenen Kleinen extrem ausgiebig. Ich bin versucht, Tim demonstrativ an mich zu ziehen.

So was Dämliches. Mann, Alex guckt ihn ja nur an. Aber wie! Als ob er ihn genüsslich ausziehen würde, seine Zunge in Gedanken über den schlanken Körper leckt.

Quatsch. Stell dich bloß nicht so an, Mark.

»Echt schick. Sieht sehr gut aus.« Alex grinst süffisant, ohne seinen Blick von Tim zu nehmen. Viel zu lange verharrt dieser auf dessen enger Hose. Meine Finger wollen sich in Tims Arm krallen und ihn fortziehen. Alex hat sein Raubtierlächeln drauf und eindeutig Beute gewittert.

»Das T-Shirt, natürlich«, fügt er bewusst spät hinzu und fährt sich mit der Zungenspitze über die Lippen, während sein Blick über die Brust höher wandert.

»Es ist klasse, oder?« Tim steigt gleich drauf ein, schaut an sich hinab und zupft an dem Shirt herum. »Die anderen Motive sehen aber auch prima aus.«

»Ja, Mark hat ein echtes Händchen für Attraktives«, stimmt Alex zu und sein Lächeln bleibt unverändert. Ich meine, ihn schnurren zu hören.

»Komm, Tim, ich stelle dich der Band vor. Die werden das T-Shirt auch sehen wollen.« Ein wenig zu eilig ziehe ich ihn von Alex weg und werfe diesem dabei einen warnenden Blick über die Schulter zu. Der grinst nur und starrt eindeutig auf Tims Hintern.

Die Jungs von der Band sind gut drauf. Und sie riechen sogar akzeptabel. Haben alle brav geduscht. Sie sind sehr angetan von meinen T-Shirts. Wenigsten bin ich bei ihnen sicher, dass sie wirklich die Shirts meinen. Tim unterhält sich sehr angeregt mit ihnen.

Alex schleicht immer irgendwo um uns herum. Ich fange immer wieder Blicke von ihm ein, was mich auch davon abhält, zu dicht neben Tim zu stehen oder ihn anzufassen. Wäre ja noch schöner, wenn Alex mich dabei sehen würde. Ich werde ihm morgen ohnehin erklären müssen, dass es mit der Wette im Moment schlecht aussieht. Noch ist ja nichts verloren.

Das Konzert ist ganz okay. Die Jungs geben sich echt Mühe. Es klappt auch fast alles reibungslos und Alex ist endlich beschäftigt genug, um mich und Tim nicht dauernd mit Blicken zu verfolgen. Und Tim? Der genießt das Ganze offensichtlich sehr. Die Musik könnte besser sein, aber die Jungs stehen noch am Anfang.

Die T-Shirts, Plakate und der Rest kommen auf jeden Fall gut an. Deshalb zieht mich mein Chef von der Werbeagentur, der tatsächlich auch mal gekommen ist, hinterher zu einem Gespräch heran. Aus den Augenwinkeln bekomme ich mit, wie Alex zu Tim hinüberschlendert. Er baggert ihn direkt an, indem er sich neben ihn stellt und seine Hand auf die Schulter legt. Eine vertrauliche Geste. Ich habe Mühe mich auf mein Gespräch zu konzentrieren, zu dem nun auch noch der Manager der Band und zwei andere wichtige Leute hinzugekommen sind.

Alex dieser verdammte Mistkerl. Er weiß haargenau, dass ich hier gefangen bin, und macht sich in aller Ruhe an den Kleinen ran. Angespannt konzentriere ich mich auf das Gespräch. Es geht hier immerhin um einen wichtigen Auftrag und ich kann immer nur kurze Blicke zu den beiden hinüber werfen.

Tim scheint es nicht unangenehm zu sein, dass sich Alex dicht an ihn heranschiebt. Er lacht auf eine Bemerkung Alex hin und dieser beugt sich weiter herüber und gibt Tim doch glatt einen Kuss auf die Wange. Ich bin schon in einer Bewegung zu ihnen, als mich der Manager direkt anspricht.

Scheiße, scheiße. Ich komme hier nicht weg. *Du mieses Schwein, Alex.* Ich bin wirklich sauer. Der Kleine gehört mir, der soll seine gierigen Finger von ihm lassen.

Ich muss meinen Blick mit Gewalt abwenden und mich darauf konzentrieren, die Fragen des Managers zu beantworten. Das Gespräch scheint ewig zu dauern und ich kann plötzlich weder Tim noch Alex entdecken. Beide sind verschwunden.

Wenn Alex mit ihm irgendwo eine Nummer schiebt, bring ich ihn um. Ich koche innerlich und muss wie ein Idiot da stehen, weil ich nur halb bei der Sache bin. Die Erkenntnis überkommt mich schlagartig: Ich bin eifersüchtig. Wirklich eifersüchtig. Verrückt oder? Aber die Vorstellung, dass Alex den Kleinen vögelt, treibt mich fast in den Wahnsinn. Ich will nicht, dass teilen, was wir miteinander gehabt haben. Es war etwas Besonderes. Mehr als Sex. Und das steht nur mir zu, nicht Alex.

Endlich, endlich kommen wir zum Ende und ich sehe mich suchend um. Keine Spur von Tim oder Alex.

Verfluchte Scheiße. Ich will nicht suchen. Ich will das nicht sehen müssen. Nicht wissen. Aber ich kann hier auch nicht einfach tatenlos herumstehen. Ziellos wandere ich zwischen den anderen Gästen hindurch und lasse meinen Blick möglichst unauffällig umherschweifen.

Kein Tim. Kein Alex. *Schöner Mist.* Völlig überrascht mache ich einen Satz vorwärts, als mich von hinten plötzlich jemand anspricht.

»Suchst du etwa nach mir?« Tim steht hinter mir und ich muss an mich halten, ihn nicht in eine Umarmung zu ziehen. *Wo warst du,* möchte ich fragen, beiße mir aber gerade noch rechtzeitig auf die Zunge und schlucke es hinunter.

»Alles klar?«, stelle ich die Gegenfrage und versuche möglichst gleichgültig zu klingen. Okay, ein flüchtiger Blick auf ihn. Er sieht nicht so aus, als ob er irgendwo mit Alex gewesen wäre. Und ich werde den Teufel tun und nachfragen. Wer bin ich denn?

»Ist total klasse hier« Tim strahlt. »Max von der Band hat mich zu ihrem Konzert eingeladen. Mit Backstagekarte. Wow!« Seine Begeisterung ist ansteckend. Wärme durchströmt mich, lässt mein Herz anschwellen.

»Dein T-Shirt kommt sehr gut an«, fügt Tim hinzu und betrachtet mich ein wenig irritiert. Liegt wohl daran, wie ich ihn ansehe.

Scheiß Ehrlichkeit, aber Mark du hast dich in ihn verguckt. Dabei wollte ich das nie wieder. Niemals sollte es noch einmal so wehtun, wie damals mit Thomas.

Zwei Monate waren wir zusammen. Und dann fand ich heraus, dass er nebenbei noch drei andere am Laufen hatte. Das hat wehgetan. Es hat mich zerrissen und ich hatte mir geschworen, nie wieder mein Herz an jemanden zu hängen. Und wenn er nebenher fremdgehen und Spaß haben konnte, warum sollte ich es nicht auch tun?

Sex. Darauf lief es immer hinaus. Einfach nur Sex. Das war voll okay. Bis Tim in meinem Bett gelandet ist. Er macht es anders, besonders, macht es zu mehr als Sex und nun stehe ich da und schaue ihn verliebt an. *Ich erbärmlicher Idiot.*

»Was ist?«, fragt Tim unsicher. Etwas von meinen Gedanken ist wohl in meinen Augen zu erkennen.

»Ach, nichts«, wiegle ich ab. »War etwas in Gedanken.« Und dann ziehe ich ihn einfach an mich und küsse ihn. Im Moment ist es mir völlig egal, ob Alex, mein Chef oder die ganze Welt zuguckt. Im Moment will ich ihn nur an mir spüren, seine Lippen kosten, ihn riechen und schmecken. Tim schmiegt sich an mich, legt mir seine Hände in den Nacken und es ist einfach nur schön.

»Wenn ihr zwei für einen Moment mal voneinander lassen könntet«, ertönt Alex' verflucht amüsierte Stimme neben mir. »Mark, wir brauchen dich noch für ein paar Sachen.«

»Kriegst ihn ja gleich wieder zurück«, wirft er Tim zu, der ihn unwirsch anschaut und seine Arme von mir löst. Ich kann Alex gerade überhaupt nicht leiden. Aber dies hier ist schließlich mein Job. Deswegen verziehe ich kurz das Gesicht und folge Alex. Tims Handy piept, er wendet sich ab und zieht es hervor.

»Hat dich ganz schön erwischt, was?«, fragt Alex leise, als wir auf den Manager zugehen, der sich mit zwei Bandmitgliedern unterhält.

»Geht dich gar nichts an«, gebe ich ebenso leise und ziemlich böse zurück. Alex lächelt wissend. Wie gerne würde ich ihm einen Stoß verpassen, lasse es jedoch und setze stattdessen mein Geschäftslächeln auf.

Die Besprechung dauert nicht lange. Wir einigen uns auf die Entwürfe und es sollen sogar alle vier Motive sein und weitere Produkte. Ein guter Auftrag für mich. Ich bin absolut zufrieden.

Als ich mich abwende, während Alex mit dem Manager noch ins Gespräch versunken ist, kommt Tim auf mich zu. Er sieht betreten aus.

»Tut mir leid, aber ich muss jetzt los. Mein Dad ist stinkig, weil ich mich seit gestern nicht gemeldet habe, und hat mich sofort nach Hause beordert«, eröffnet er zerknirscht. Schöner Mist, und ich komme hier nicht weg.

»Klar. Ich kann leider noch nicht abhauen. Soll ich dir ein Taxi holen?«

»Schon okay, ich werde abgeholt«, antwortet er. »Tut mir echt leid. Ich wäre gerne noch … mit dir zusammen, aber mein Dad ist echt sauer.« Tim schaut mich von unten entschuldigend an.

»Ist schon okay«, beruhige ich ihn, auch wenn ich es ehrlich bedaure. Es läge ja noch eine ganze Nacht vor uns. »Treffe ich dich morgen Abend im Club?«, frage ich möglichst unbeteiligt.

»Aber sicher«, gibt er strahlend zurück und winkt mir zu, während er losmarschiert. Ich schaue ihm hinterher und verfluche meinen Job, der mich hier festhält.

Wer ihn wohl abholt? Sein Dad? Ich ertappe mich dabei, wie ich ihm unbemerkt folge. Ich bin neugierig, wie sein Dad aussieht. Hoffentlich kriegt Tim nicht zu viel Ärger, ich könnte ja eventuell dazwischen gehen. Immerhin ist er schon neunzehn, auch wenn er noch zuhause lebt. Wegen mir soll er keinen Ärger bekommen.

Drüben an der Bushaltestelle steht er und schaut die Straße hinauf. Ich bleibe verborgen im Eingang stehen. Will ja nicht, dass er mich sieht, wie ich ihm hinterherspioniere. Mich interessiert es eben nur.

Da kommt auch schon ein Geländewagen heran. Ein blauer Nissan, ein älteres Modell und da er direkt an mir vorbei fährt, kann ich auch gut sehen, wer ihn da abholt.

Mein Magen wird zu Eis: Es ist sein Macker. Der Bodybuilder. Sein Typ. Sein Freund. Das Auto hält an und ich sehe merkwürdig glasklar Tim einsteigen und seinem Macker einen Kuss direkt auf den Mund geben.

Mieser kleiner Lügner. So ein verfluchter Mistkerl.

Ich bin völlig erstarrt. Kann mich nicht mehr bewegen. Verdammt, es tut weh! Genau das wollte ich nie wieder fühlen. *Du mieser kleiner, verlogener Bastard.* Genau das wollte ich nicht noch einmal erleben.

Sex, einfach nur Sex. *Es war alles klar, einfach, ordentlich und dann kommst du kleiner Fick und nun stehe ich hier und zersplittere innerlich, weil du mich belogen hast. Weil es eigentlich immer nur Ficken war. Mehr nicht.*

Nur ich Idiot habe zu viel darin gesehen. Weil es mehr als einmal war? Selbst schuld. Tim hat nichts versprochen. Nur so getan, als ob er gerne mit mir zusammen wäre, als ob er mich gerne küsst, umarmt, ficken lässt. Okay, das hat er wirklich. Das hätte er nicht schauspielern können.

Aber wozu? Um sich nun von seinem Freund vögeln zu lassen? Was sollte das Ganze? Ich komme mir unglaublich verarscht und zutiefst beschämt vor.

Wütend wende ich mich ab. Mag eigentlich keinen mehr sehen. Die Hülle Mark Benedikt muss funktionieren. Keiner darf etwas merken. Niemand. Erst recht nicht Alex.

Ich werde funktionieren wie immer. Mache meinen Job, und wenn ich alleine bin, gebe ich mir die Kante. Komplett. Ertränke diesen Schmerz völlig. Spüle alles hinweg.

Mieser, verlogener, kleiner, geiler, so begehrenswerter, süßer … Bastard.

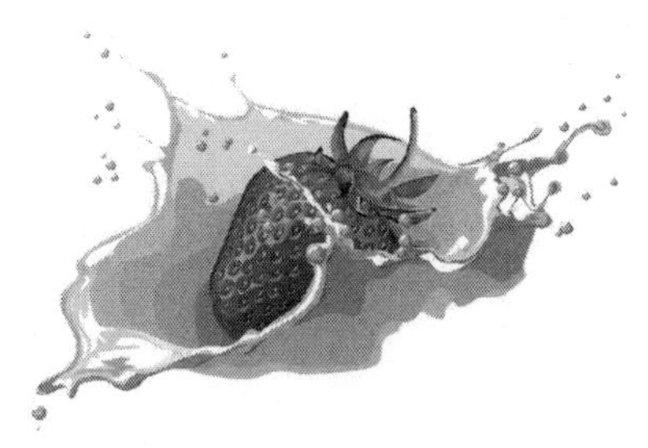

Frühstück bei Alex

Sonntag 22.

12 Uhr oder so. Irgendwann tagsüber jedenfalls.

Keine Ahnung. Ist doch auch völlig egal.

Mein Schädel tut weh. Alles tut weh.

Mein Mund ist voll mit ekligem Schleim. Ich kriege meine Augen kaum auf. Sie sind irgendwie verklebt. Mein Rücken schmerzt höllisch.

Ach ja, ich weiß warum: Ich bin auf dem Sofa liegen geblieben, das hier ist nicht mein Bett.

Mühsam blinzle ich. Um mich herum liegen die Überreste meiner Schmerzbewältigung. Hat nicht wirklich funktioniert. Zumindest habe ich noch immer Schmerzen, wenn auch die in meinem Kopf im Moment die stärksten sind. *Scheiße, tut das weh.*

Ich rolle mich stöhnend vom Sofa herunter und schlurfe ins Badezimmer. Da liegen meine Kopfschmerztabletten. Ich übergebe mich lieber vorher, dann bleibt mehr von dem Wirkstoff drin und vielleicht hört der Schmerz endlich auf.

Drei oder vier Tabletten und eine eher lauwarme bis kalte Dusche später werden wenigstens die hämmernden Kopfschmerzen besser. Leider nur die.

Ich sitze auf dem Wannenrand und starre auf den Boden. Das Wasser tropft von meinem Körper und ich bin zu träge, um aufzustehen und nach einem Handtuch zu greifen. Ich glaube, ich bleibe einfach hier sitzen, bis alles getrocknet ist. Oder noch länger. Warum sollte ich mich überhaupt bewegen?

Natürlich muss ausgerechnet in der Phase meines größten Selbstmitleids die Tür aufgehen, was nur eins heißen kann, weil nur einer den Schlüssel besitzt: Alex kommt ungefragt vorbei.

Den muss ich jetzt echt nicht haben. Ich will niemanden sehen. Nie wieder. Lasst mich doch einfach in Ruhe.

Am liebsten würde ich die Tür zuschließen, aber Alex kann definitiv Gedanken lesen, denn er schaut bereits ins Badezimmer und entdeckt mich sofort.

»Alles klar bei dir?«, fragt er überflüssigerweise. *Klar, alles prima. Alles wunderbar. Mark Benedikt funktioniert wie immer. Na ja, er braucht heute etwas länger zum Anlaufen.*

»Klar«, brumme ich zurück, erhebe mich und greife nun endlich doch nach einem Handtuch.

Alex mustert mich noch einen Moment und verschwindet wortlos. Als ich ins Schlafzimmer schlurfe und mir wenigstens eine Hose anziehe, ist er in der Küche am werkeln.

Ich will nicht mit ihm reden. Will gar nichts mit ihm zu tun haben. Zu genau habe ich noch vor Augen, wie er gestern mit Tim geflirtet hat. War da doch was zwischen ihnen? Der Kleine hat mich belogen. Vielleicht nicht nur in einer Hinsicht? Tut unschuldig und unerfahren. *So ein Lügner.*

Aber Alex wird nicht freiwillig gehen, ich kenne ihn. Er wird bereits mein Therapieprogramm entdeckt haben und er kennt mich viel zu lange, um nicht entsprechende Schlüsse zu ziehen. Und ich musste den miesen kleinen Typ gestern auch noch mit schleppen, sodass Alex uns live erlebt hat.

Scheiß Idee. Hätte ich nicht machen sollen. Vorher hätte Alex gar nichts mitbekommen. Nun kann ich mir bestimmt anhören: »Siehste, geschieht dir recht. Warum wirfst du auch deine Prinzipien über Bord?«

Kein zweites Mal. Nur einfach Sex.

Aber Tim war so toll … ich würde jederzeit wieder mit ihm. Nein. Nicht wenn er mich belügt. *Oh doch. Du würdest.* Da ist mein Schwanz, der anders denkt, als der Rest von mir. Der hat einfach keine Ehre.

Missmutig schlurfe ich in die Küche. Dieser blöde, fürsorgliche Alex hat Latte mitgebracht und Croissants.

»Dachte mir, da du nicht auftauchst, ich schau mal rein. Hatte eigentlich gedacht, du liegst noch mit dem Süßen im Bett und ich kriege was geboten«, brummt er und schiebt mir den Latte hin. Ich nippe vorsichtig. Das Getränk ist nicht besonders gut, oder meine Geschmacksnerven sind noch nicht wieder voll da. Egal. Es ist irgendwie Kaffee.

»Falsch gedacht«, knurre ich nur.

»Bist du zur Vernunft gekommen oder hast du gestern was zu Feiern gehabt?« Alex mustert mich genau. Ich weiß, er wird nicht locker lassen. Statt einer echten Antwort fauche ich ihn wütend an: »Was hast du denn gestern mit ihm überhaupt zu schaffen gehabt?« Alex runzelt irritiert die Stirn.

»Das hier«, er macht eine entsprechende Geste, »hat aber nichts damit zu tun, oder?« Mürrisch ignoriere ich ihn.

»Das war ganz harmlos, Mark. Der Kleine ist wirklich total scharf. Ja, ich habe ihn angemacht. Dachte, ich probiere es mal. Wenn du so von ihm schwärmst, muss da was dran sein. Aber er hat mich einfach abblitzen lassen. Echt! Er hat wortwörtlich gesagt, er hätte ein besseres Angebot, okay? Muss wohl dich gemeint haben. Ich hatte nichts mit ihm, wenn das hier der Grund sein sollte.«

Ich glaube ihm sogar. Das war es ja auch nicht. Ich zerfleddere eins der Croissants, ohne etwas davon zu essen. Ich will nicht wirklich mit ihm über meinen Gemütszustand reden.

»Also das ist es nicht«, stellt Alex glasklar fest. »Was dann?« *Kann der Typ nicht einfach nur hammermäßig aussehen, muss er unbedingt auch noch intelligent sein?*

»Unwichtig«, brummle ich nur. Es wird schmerzen, wenn ich es erzähle. Viel zu sehr. Es reißt offene Wunden auf. Ich will das nicht. Ich will diese Episode irgendwo tief in mir einschließen und vergessen.

Nur ein Fick. Ein Mega-Fick vielleicht, aber nichts mehr.

»Verdammt, Mark. Jeder nicht völlig Blinde hat gesehen, dass du dich in den Süßen verschossen hast. Du brauchst es nicht leugnen«, raunzt Alex mich an. »Du hast ihn mehr als einmal flachgelegt, tauchst mit ihm im Arm auf, du küsst ihn und vergisst alles andere um dich herum. So viel Verstand hat jeder, um zu sehen, was mit dir ist. Also warum heute der Weltuntergang? Hat er dich schon verlassen oder was?«

»Er hat einen anderen«, rutscht es mir ungewollt heftig heraus und ich feuere den Rest des unglücklichen Croissants quer durch die Küche. »Er hat die ganze Zeit schon einen obergenialen Typ. Ich war nur die Zweitbesetzung, Alex. Nur gut zum Ficken.« Alex wirkt perplex.

»Na und?«, wagt er doch glatt zu sagen. »Hat dich doch noch nie davon abgehalten, oder? Und immerhin ist er mit dir mehrfach in die Kiste gehüpft, kannst also nicht so schlecht gewesen sein.« Er sieht mich schräg an. »Hast du es denn nicht vorher gewusst?«

»Doch«, gebe ich unwirsch zurück. Stimmt ja. Ich wusste es von Anfang an. Vom allerersten Moment und es hat mich nicht aufgehalten.

»Okay. Also was ist jetzt anders?«, fragt Alex. »Wenn du ihn gefickt hast, als du wusstest, dass er einen Freund hat, warum willst du ihn dann jetzt nicht mehr, wo er immer noch einen Freund hat?«

Weil er mich belogen hat. Hat er aber auch schon von Anfang an. Er ist nicht in festen Händen, hat Tim mir gesagt. Ich habe ihn ja gefragt. Also hat er mich nicht ständig belogen. Nur durchgehend. Toll.

»Weil es dieses Mal eben mehr als nur ficken ist«, beantwortet Alex sich selbst wissend nickend die Frage.

»Eigentlich nicht«, widerspreche ich entschlossen. »Es war immer nur ficken.«

»Gut, also warum dann der Herzschmerz?«, kontert Alex. Oh Mann ich hasse ihn, wenn er vernünftig ist und alles ganz einfach erscheint.

»Ist doch wohl so, dass du mehr darin gesehen hast, er aber nicht. Hat er je gesagt, er will mehr? Nein, sieht nicht so aus. Hast du gesagt, du willst mehr? Nein. Also komm runter und mach dich nicht fertig, wenn eigentlich alles klar ist. Wenn du mehr willst, hättest du es ihm sagen müssen.

Oder solltest es tun. Entweder will er auch, oder eben nicht. So einfach ist es. Und wenn er dich will, dann ist der Freund doch scheiß egal, oder?«

Ich hasse ihn wirklich. Es ist ganz klar, wenn er das sagt. Ich seufze und schlucke alles hinunter. Alex hat ja Recht.

»Triffst du ihn den wieder?«, erkundigt er sich. Ich nehme mir ein neues Croissant.

»Heute Abend im Club«, gebe ich kauend zu.

»Okay. Schaffe da doch klare Verhältnisse. Nur Ficken oder mehr. Dann hast du hinterher auch nicht mehr so viel aufzuräumen.« Alex grinst mit Blick auf mein Wohnzimmer. Und dann weiß ich wieder, warum er mein bester und einziger Freund ist. Er seufzt theatralisch: »Klasse, den Sonntag werde ich damit verbringen, mit meinem depressiven Freund sein Wohnzimmer aufzuräumen. Tolle Aussichten. Wirklich.«

Ich lächle ihn an. Ich mag ihn. Er ist absolut okay. Wenigstens war er so nett, unsere Wette nicht zu erwähnen. Blöde Wette übrigens.

Gegen Abend bin ich erholt genug, um mich wieder in Tims Nähe zu wagen, ohne ihn wahlweise zu schlagen oder zu küssen.

Ich komme extra spät ins Gaytronic. Einerseits will ich ihn sehen, andererseits auch nicht. Ich muss klare Verhältnisse schaffen. Klingt so einfach, zumindest wenn Alex das sagt.

Was, wenn die Verhältnisse, die ich schaffe, mir nicht behagen? Was wenn Tim eben nicht mehr will? Was, wenn er wirklich nur ficken will? Kann ich das dann auch akzeptieren, ohne je mehr zu wollen?

Muss man sich mal anhören. Bislang ging es hervorragend nur mit Sex. Warum muss ich es jetzt kompliziert machen?

Alle Grübeleien nützen gar nichts, weil ich zunächst die Situation herbeiführen muss, vor der ich mich innerlich entsetzlich fürchte. Bei Thomas, meinem Ex, war sich die Wahrheit einzugestehen und damit zu leben, das Schlimmste. Ich erinnere mich noch sehr gut, an dieses dumme, fruchtbar erniedrigende und schmerzhafte Gespräch. Wie konnte ich nur wieder in eine solche Situation kommen?

Ich sehe Tim nicht sofort. Es ist sehr voll. Überall tanzende Kerle und sehr laute Musik. Ich stehe am Rand der Tanzfläche und lasse meinen Blick suchend umherirren. Als ich Tim endlich entdecke, wende ich mich sofort wieder ab.

Scheiße. Große Scheiße.

Da tanzen sie. Er mit dem Bodybuilder in inniger Umarmung. Eine Badewanne eisiges Wasser, in die man mich kopfüber tunken würde, hätte keine ernüchterndere Wirkung als dieser Anblick: Ihre Körper berühren sich. Tims Arme liegen locker um den Hals seines Freundes und dessen Hände liegen auf Tims Hüften.

Mir wird schlecht. Ich ziehe mich in die Schatten zurück, will das nicht sehen, kann aber auch meinen Blick nicht lösen. Das ist also Tims Freund, dieser klasse Typ mit den Mega-Muskeln. Gegen den bin ich eine halbe Portion.

Was mache ich hier? Am besten gehe ich gleich wieder, leise und unauffällig, ehe mich noch jemand bemerkt und einen blöden Spruch bringt. Aber das geht hier nicht. Zu viele, die mich kennen.

Gerade als ich einen Rückzug machen und dem Muskelmacker das Feld überlassen will, quatscht mich so ein blonder Sonnyboy an. Er tut ziemlich vertraut. Ich habe ihn wohl mal gevögelt, glaube ich und seufze. Wen nicht. War er gut? Keine Ahnung, zumindest erinnere ich mich daran, dass er recht gut blasen konnte.

»Auf der Suche nach einem heißen Job?«, fragt er und seine Hand streicht fordernd über meinen Schritt. Da tut sich nichts, wie ich leidvoll bemerke. Selbst die Aussicht auf einen Blowjob vermag mich im Moment nicht wirklich zu reizen. Meine Augen versuchen ungewollt an ihm vorbei die beiden Hauptakteure in meinem persönlichen Drama zu finden. Aktuell sind sie jedoch nicht mehr zu sehen.

Ich verziehe den Mund und knurre Sonnyboy an: »Derzeit nicht. Danke vielmals.« Wo sind Tim und sein Typ hin? Ich kann sie nirgends entdecken. Sonnyboy hingegen lässt nicht so schnell locker: »Derzeit heißt: nicht sofort? Oder nicht heute?«

Genervt schiebe ich ihn zur Seite und nuschle: »Nicht jetzt, Sonnyboy.« Muss ihm doch wohl reichen. Ich drängle mich an ihm vorbei und wende mich der Bar zu. Ich brauche jetzt einen Drink, vielleicht auch ein paar mehr.

Wieso zur Hölle, hat der Kleine seinen Macker mitgebracht? Wie soll ich denn jetzt alleine mit ihm sprechen? Wieso muss er seinen Freund präsentieren? Warum bringt er ihn mit hierher?

Ich kippe den ersten Drink rasch hinunter und ordere gleich nach. Mein Magen will sich nicht so recht beruhigen, schlägt ständig Saltos, fühlt sich klebrig kalt an. Wieso muss der Bodybuilder nur so verdammt gut aussehen? Gegen den kann ich nicht bestehen, da müsste ich Jahre trainieren.

Außer im Bett vielleicht. Bin ich da besser? Hast du es genossen Tim, wie ich es dir besorgt habe? Obwohl … vielleicht hat er ja mittlerweile auch seinen Freund ausprobiert.

Dass der im Bett eine Rakete ist, sehe ich auch so. Ganz bestimmt hat er auch mehr Kaliber.

Ob er Tim überhaupt zu schätzen weiß? Der ist ganz bestimmt kein Typ fürs Küssen. Okay, war ich auch nicht.

Der macht vorher nicht lange rum. Okay, ich sonst auch nicht. Ob er weiß, wo du dich gerne berühren lässt? Ob er dein erotisches Stöhnen zu genießen weiß, dein Gesicht ansieht, wenn du dich lustverzerrt unter ihm bewegst? *Dieses Schaudern, wenn ich deine Seiten berühre … dein perfekter kleiner Körper, der so gut riecht …*

Verdammt! Verdammt! Ich werde hart, wenn ich nur daran denke und gleichzeitig zieht sich mein Magen zusammen, als ob mir alles hochkommen würde.

Ich kippe den nächsten Drink runter. Mehr davon. Ich trinke noch einen, dann werde ich mir was für heute aufreißen und bedeutungslosen Sex haben. Einfach Sex. Und wenn ich eben dabei an Tim denken muss, um einen hoch zu bekommen, scheiß drauf. Merkt ja keiner außer mir. Ich habe schließlich eine Wette zu gewinnen!

»Hey, Mark«, erwischt mich seine vertraute Stimme mitten in meinen Überlegungen.

Scheiße.

Betont langsam drehe ich mich um, das gibt mir genügend Zeit, meine Cooler-Typ-Maske anzulegen. Ich werde ihm bestimmt nicht zeigen, wie es in mir aussieht. Betont kühl mustere ich sein strahlendes Gesicht, welches sich bei meinem gleichgültigen Ausdruck rasch verändert. Unsicher blickt er mich an und – große Riesen-Scheiße – seinen Macker hat er im Schlepptau. Der mustert mich und um uns gefriert die Luft.

Ich erkenne, was er ist und er sieht, was ich bin. Wir sind vom gleichen Schlag. Seine eisigen blauen Augen mustern mich kalt und mein Blick geht kaum weniger kühl zurück. Man kann das Eis beinahe leise knistern hören. Irgendwo in meinem Kopf erklingt eine merkwürdige Westernmelodie, sehr bekannt, aber ich weiß gerade nicht genau woher …

»Markus, das ist Mark«, stellt Tim vor und sein Blick wandert irritiert von einem zum anderen. »Ich habe dir doch von ihm erzählt.«

Seine Stimme verhallt irgendwo. Da ist nichts zwischen uns, außer dieser eisigen Stille. Die Musik scheint woanders zu spielen. Die anderen Kerle tanzen weit weg. Wir sind ganz woanders. Es gibt nur uns zwei. Und diese leise Melodie gehört zu einem Schauplatz im fernen Westen. Ein Bahnhof, strahlende, heiße Sonne, Mittagszeit, Staub wirbelt auf, eine altmodische Uhr. High Noon.

Wenn wir Waffen hätten, würden unsere Hände langsam an die Colts rutschen. Wir mustern uns gegenseitig, schätzen einander ab, lauern auf die Bewegung des anderen. Fast hört man den Wind um die Holzhäuser streichen. Wer wird als erster ziehen?

Tims leise Stimme durchbricht unser Blickduell: »Mark?«

Ich reiße mich los und bin mir äußerst bewusst, wie groß der andere wirklich ist. Und wie breitschultrig. Seine Muskeln sprengen förmlich sein Hemd. Und aus seinen Augen funkelt blanker Hass. Betont langsam bewege ich den Kopf, schaue bewusst uninteressiert auf Tim hinab.

»Hey«, begrüße ich ihn knapp und dann schweift mein Blick scheinbar suchend über das Angebot. Ich beachte ihn nicht weiter. Der Jäger auf der Jagd.

»Markus muss leider schon gehen«, erklärt Tim irgendwo neben mir. Seine Stimme ist unsicher, fast ängstlich.

»Ich bin mit ihm hergekommen«, fährt er erklärend fort, als ob er eine bestimmte Reaktion von mir erwarten würde. Denkt er etwa, dass ich ihn bitten werde, noch zu bleiben? Wenn er mit diesem Markus gekommen ist, kann er doch auch mit dem gehen. Der haut mich eh unangespitzt in den Boden, wenn ich mit seinem Freund anbändle.

Mein Blick bleibt auf einem potenziellen Kandidaten hängen. Den hatte ich noch nicht. Gut, wirklich toll sieht er nicht aus, aber egal, solange er seinen Arsch brav hinhält. Mehr will ich ja gar nicht.

»Viel Spaß dann noch«, werfe ich Tim zu, der mich verblüfft anstarrt. »Hab zu tun.« Ich stoße mich ab und gehe auf die Jagd. Beim Weggehen höre ich noch, wie sein Typ ungeduldig wird: »Struppi, was ist jetzt? Ich muss los.«

Ich verkneife mir gerade so ein Grinsen. Struppi? Er nennt ihn wirklich Struppi? Obwohl … ich muss widerwillig grinsen, passt zu Tim. Diese wuscheligen, weichen Haare, durch die man so herrlich die Finger wühlen kann …

»Mark?«, ruft er mir hörbar unsicher hinterher und ich drehe mich betont genervt um. Meine Augen sagen es deutlich genug: *Ich gehe jagen Kleiner. So wie jeden Sonntag. Vergnüge du dich mal mit deinem Markus.*

»Was?« Ich mustere ihn kalt. Tim steht ziemlich verloren da. Sein Gesicht erstarrt, nur die Mundwinkel zucken. Er hat jede coole Maske abgelegt.

Was hast du denn gedacht Kleiner? Dass es nur dich gibt? Ich habe eine Wette zu gewinnen und du hast mich dabei schon viel zu lange aufgehalten. Geh zu deinem Freund. Lass es dir von dem besorgen. Ich habe was Besseres vor.

Für einen winzigen Sekundenbruchteil schmerzt mich sein Gesichtsausdruck. Er schluckt heftig.

»Man sieht sich«, werfe ich ihm zu, drehe mich um und verschwinde. Trotzdem habe ich seinen bestürzten Gesichtsausdruck gesehen. Damit hat er wirklich nicht gerechnet. Nur gut, wenn er bald erkennt, dass er wirklich nur eine Nummer war. Mehr nicht. Ich will diese Wette gewinnen und ich werde mich bestimmt nicht ändern, nur weil Tim da steht und mir hinterher starrt, als ob ich ihn verletzt hätte.

Habe ich nicht. *Du bist mit deinem Macker hier aufgekreuzt, der mich mit seinem Blick fast ermordet hat. Ich werde doch nicht wegen dir riskieren, dass der mich fertigmacht.*

Leider geht mir Tims Gesicht nicht so schnell aus dem Kopf. Ein Ausdruck, als ob er gleich losheulen wollte. Scheiße, damit hat er mich letztes Mal schon berührt. Ich kann das nicht durchziehen. Mist, hoffe sein Freund ist nicht wirklich gewalttätig. Der könnte mich ohne Weiteres zusammenschlagen. Aber ich kann ihn auch nicht mit diesem Ausdruck stehen lassen.

Doch als ich mich umdrehe und zurückgehe, ist er weg. Tim ist wirklich gegangen.

Verdammte Scheiße. Hinterher rennen werde ich ihm nicht. Das fehlt noch. Vor allem nicht mit dem Freund dabei. Irgendwie läuft hier alles schief.

Da steht noch mein Glas. Alleine und einsam. Wie ich.

Prima. Dann ändern wir das doch gleich. Und zumindest das kleine Glas da kann noch jede Menge Gesellschaft bekommen.

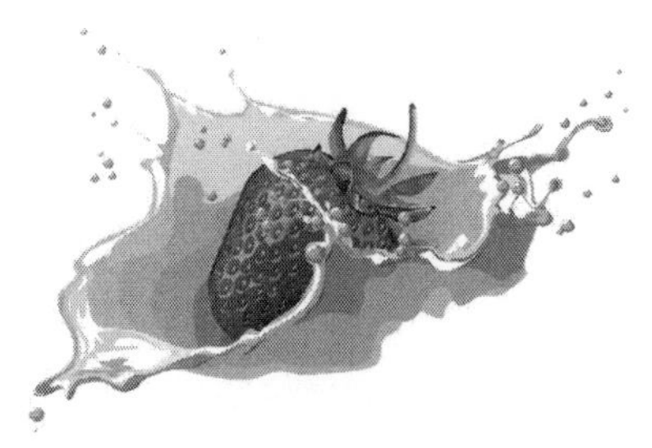

Selbsthass und Rosenduft

Montagmorgen oder doch schon Mittag?

Der verfluchte 23. und ich habe gestern wieder keinen flach gelegt. Nur mich selbst.

Mein Schädel dröhnt. Ich habe den größten Teil meiner Klamotten noch an.

Wie bin ich eigentlich hergekommen? Gefahren bin ich definitiv nicht, sonst würde ich jetzt auf der Intensiv oder im Sarg aufwachen. Taxi? Kann mich nicht daran erinnern. An den Rest davor leider zu gut. Wieso gehen diese Kopfschmerzen nicht einfach weg? Ebenso wie sein Gesichtsausdruck.

Ich rufe in der Arbeit an und melde mich krank. Wohl das erste Mal, denke ich. Ich bin auch irgendwie krank. Ich habe keinen mehr gevögelt seit Nummer sechzehn und das war am 15. Vor acht verdammten langen Tagen!

Okay, ich habe Tim am Freitag gevögelt. Mehrmals sogar. Aber das zählt nicht, war ja etwas ganz anderes.

Oh Mann. Diese verdammten Kopfschmerzen.

Ich stelle mich unter die Dusche und hoffe, dass das Wasser alles wegspült. Nach einer Stunde wird es irgendwie trotzdem nicht besser.

Außer den Kopfschmerzen. Die werden immer irgendwann besser.

Ich trockne mich ab und schlurfe zurück ins Schlafzimmer. Meine Klamotten stinken nach Alkohol, also raffe ich alle zusammen und gehe zurück ins Badezimmer um sie in die Waschmaschine zu stopfen. Dabei fällt mir ein T-Shirt auf, das nicht mir gehört.

Och nein, das ist seins. Das hat Tim am Samstag gegen das Band-Shirt getauscht.

Ich schalte die Maschine an und starre auf das Stück Stoff. Blau. Seine Farbe. Sein Geruch. Und ich bin erbärmlich genug, es mir tatsächlich an die Nase zu halten. Nicht nur sein Geruch: auch der schwache Duft nach Rosen. Erotisch, verführerisch und untrennbar mit dem verbunden, was ich mit ihm am Freitag gemacht habe.

Ich setze mich minutenlang auf das Klo, starre abwechselnd das Stoffstück an und inhaliere diesen Duft. *Was finde ich nur an dem Kleinen? Okay, er ist klasse im Bett. Punkt. Was braucht es mehr?*

Ich feuere das arme Stück Stoff in die Badewanne und gehe zurück ins Schlafzimmer, um mich endlich anzuziehen. Ich gehe gleich ins Fitnessstudio, da ist es ruhig und ich kann mich mal wieder richtig auspowern. Dieser Markus war letzten Montag erst spät da, so werde ich ihm hoffentlich nicht begegnen. Ich würde wohl kaum eine direkte Konfrontation mit ihm unbeschadet überstehen, aber in meinem Kopf sind diverse Szenarien, bei denen ich ihm einen Hinterhalt lege.

Wieso musste er Tim vor mir kennenlernen? Wieso muss

er dazwischen funken? Wieso sieht er auch so verdammt gut aus?

Mein Handy vibriert und piepst hoffnungsvoll. Bestimmt Alex, der wissen will, was Sache ist. *Alles klar, Alex. Nichts Neues an der Kriegsfront. Nur ein stummes Duell mit unsicherem Ausgang und eine angeschlagene Schnapsleiche.*

Widerwillig klicke ich die SMS an. Sie ist nicht von Alex. Tim, steht da als Absender. Und ich kenne nur einen. Ich starre sekundenlang auf das Display und bin versucht, die Nachricht wegzudrücken. Abermals sehe ich seine Augen vor mir. Verletzte blaue Augen in einem hübschen Gesicht. Ich bin kein harter Macho. Zumindest nicht immer.

»Hattest du noch Spaß? Nummer siebzehn geschafft? Holst du wieder auf? Gruß Tim«, steht da. Ich bin perplex. Nummer siebzehn? Mein Schwanz will nur noch die Nummer fünfzehn haben, der kann ja auch nicht zählen. Ich hätte jetzt mit: Herzschmerz-warum-hast-du-mich-verlassen-SMS, gerechnet. Stattdessen so etwas. Ich bin sprachlos.

Was hat das jetzt wieder zu bedeuten? Aber Tims Gesicht hat so enttäuscht ausgesehen. Vielleicht versucht er auch nur, cool zu sein? Oder er kennt es nicht anders. Damals auf der Party hat sein Freund direkt vor seinen Augen einen Typ abgeschleppt. Ist Tim es einfach so gewöhnt? Und er weiß, dass ich die Wette am Laufen habe. Trotzdem, seine Augen haben mir was anderes gesagt gestern.

Soll er doch schmoren. Und ich werde ihm nicht antworten. Lügen kann ich nämlich nicht so gut wie er. Und ehrlicherweise hänge ich hoffnungslos zurück. Eine ganze Woche praktisch. Das wird hart werden und eigentlich habe ich auch nicht wirklich viel Lust mehr dazu.

Egal. Erst mal gehe ich ins Fitnessstudio und dann mal schauen, was der Tag so bringt.

Mittags ist nichts los. Ich habe fast alles für mich. Ich genieße es, meinen Körper zu quälen. Bald schon läuft mir der Schweiß hinab und meine Muskeln haben jenes leichte Brennen, das irgendwann in Müdigkeit und Wohlgefühl umschlägt.

Ich bin sicherlich über zwei Stunden da, mit Duschen und allem. Das Mädel an der Rezeption braucht ein paar neue Daten von mir und ich bin gut gelaunt, habe Zeit und unterhalte mich kurz mit ihr.

Die Tür geht auf und … er kommt herein. Der Bodybuilder. Markus. Dahin ist meine gute Stimmung. Er schaut zu mir herüber, erkennt mich natürlich und geht zügig, nur kurz nickend, an uns vorbei.

»Herr Dawson, Moment!«, ruft ihm das Mädel nach. Er stoppt und tritt an die Rezeption heran. »Ihre Termine. Die Basketballer haben am Donnerstag ein Spiel und ich habe ihnen den Tag freigeschaufelt.« Das Mädel überreicht ihm ein paar Unterlagen.

»Danke«, brummt er und wendet sich ab.

»Herr Benedikt, wenn sie noch hier ihre Adresse eingeben könnten?«, fragt sie nun mich. Ich vermeide es, Markus hinterherzuschauen. Ich ergänze meine Angaben, zögere kurz und frage nach, was eigentlich offensichtlich war: »Er arbeitet hier?« Ich mag seinen Namen nicht aussprechen.

»Herr Dawson?«, erwidert sie lächelnd. »Oh ja. Er ist einer unserer Physiotherapeuten. Wenn sie mal ein Problem mit Muskelverspannungen haben, nimmt er sich dessen an.«

Ja, das glaube ich sofort. Bei mir würde er sie vorzugsweise herausklopfen. Mit einem schweren Vorschlaghammer. Danach hätte ich gar keine Probleme mehr.

Ich nicke ihr zu und verabschiede mich.

Also arbeitet Tims Freund ausgerechnet in dem Fitnessstudio, in dem ich trainiere. Markus Dawson. Der Nachname ist definitiv nicht deutsch.

Ob er auch irgendwie was mit England zu tun hat? Haben Tim und er sich vielleicht so kennengelernt? Was kümmert es mich? Außer, dass er jetzt vermutlich meinen Kleinen vögelt, geht es mich eigentlich nichts an. Dennoch grüble ich die ganze Rückfahrt darüber nach.

Ich werde sesshaft. Zumindest ist mir auch heute nicht nach Ausgehen zumute. Ich sitze auf dem Sofa, habe einen Film eingeschoben und knabbere Chips in mich hinein um einen Ausgleich zum Training heute zu schaffen. Irgendwann stelle ich fest, dass es der gleiche Film ist, den ich mit Tim zusammen geschaut habe, er an mich gelehnt. An mich gekuschelt.

Er hat versucht anzurufen. Zweimal. Allerdings nicht auf die Mailbox gesprochen. Eine weitere SMS kam gerade: »Bist du schwer beschäftigt? Welche Nummer du wohl gerade am Wickel hast? Gruß Tim«

Geht ihn doch gar nichts an. Ich antworte nicht. Ich will nicht lügen müssen und ich will seine verlogene Stimme nicht hören. Ich will ihn eigentlich lieber vergessen. Film und Chips sind viel interessanter.

Es ist spät nachts. Ich bin eingeschlafen. Der Film läuft immer noch. Das dritte oder vierte Mal? Keine Ahnung.

Davon bin ich nicht aufgewacht. Es war eine Erinnerung. Ein … Geruch.

Ach was soll es. Ich greife unter die Kissen, die meinen Rücken abstützen, und ziehe das verräterische Stückchen Stoff hervor, das ich dort versteckt habe. Vor mir selbst versteckt, denn sonst ist ja keiner hier. Also wer soll mich sehen? Wen sollte es schon interessieren, das ich es an meinen Hals stopfe, wo sein Kopf gelegen hat. Es riecht nach ihm. Es fühlt sich nach ihm an. Das reicht doch.

Dienstag der 24.

Büroalltag.

Für meinen Geschmack zu wenig Arbeit. Meine Gedanken wandern gerne in Bahnen ab, die ich gar nicht möchte.

Alex hat angerufen, aber es war alles nur geschäftlich. Ich werde ihm im Moment nichts erzählen. Was denn auch? Es ist ja nichts los. Ich bin dabei meine Wette zu verlieren und ich unternehme rein gar nichts dagegen.

Heute wieder eine SMS von ihm: »Alles okay? Melde dich doch mal, wenn du Lust hast. Gruß Tim« Habe ich aber nicht und lösche sie, wie auch die anderen davor.

Der Abend wir mäßig spannend. So langsam kenne ich den Film auswendig. Aber es gibt ja noch andere Teile davon. Der Abend geht langsam dahin. Chips schmecken nicht wirklich gut. Und die Pizza liegt mir schwer im Magen. Der Geruch wird weniger.

Scheiße.

Mittwoch. Schon der 25.

Der Alltag will sich nicht einstellen. Büro überlebe ich irgendwie. Hoffentlich merkt keiner, was für schlechte Entwürfe ich gerade abgebe. Das bin echt nicht ich. Ich bin gut, bin einer der Besten. Sonst. In meinem echten Leben. Ich bin ein Kämpfer, ein Gewinnertyp. Sonst.

Ich habe verloren. Ich weiß es bereits. Auch wenn ich theoretisch noch Chancen hätte. Alex weiß es natürlich noch nicht.

Wette verloren, wegen: kein Bock. Oder eher wegen eines kleinen Greenhorns, der mir nicht mehr aus dem Kopf geht.

Wieso muss das mir passieren? Wieso musste er mir passieren? Warum reichten ein paar Krokodilstränen, um aus mir ein emotionales Wrack ohne Selbstachtung zu machen?

Ich hätte ihn einfach rausschmeißen können. Aber nein, ich musste ihn ja trösten. Küssen und streicheln und weiß Gott noch wie viel Lächerliches mit ihm tun. Ich muss echt sexbesessen gewesen sein, dass mich sein perfekter Body zu derart viel hingerissen hat, was ich einfach nicht bin. Und nun liege ich schon wieder auf meiner Couch, schaue irgendwas Bedeutungsloses und fühle mich bei jedem jüngeren, nur halbwegs schlankem Schauspieler, unweigerlich an ihn erinnert.

Ich hasse mich selbst. Hasse meine Passivität, die so gar nicht zu mir passt. Weder im Leben noch im Bett.

Heute kam keine SMS. Kein Anruf. Vielleicht hat er ja aufgegeben.

Gut so, je eher er es einsieht, desto besser. Bin doch nicht zweite Wahl, wenn dieser Markus ihn mal nicht braucht.

Seit wann wünsche ich mir so sehr, seine erste Wahl zu sein? Erbärmlich.

Blaue Veilchen

So geht es nicht weiter. Das ist ganz klar.

Heute starre ich auf der Arbeit aus dem Fenster und die dumme Tussi vom Büro nebenan hat zweimal geklopft, bis ich reagiert habe.

»Ist alles okay, Herr Benedikt?«

Ja, alles klar. Habe nur einen leichten Infekt namens Liebeskummer. Etwas ACC und es ist schon wieder gut. Ist bestimmt nicht ansteckend.

»Alles bestens, danke«, brumme ich mechanisch. Die Tussi hat hoffentlich nicht die Pause bemerkt, während ich am überlegen war, wie sie eigentlich heißt. Bin nicht drauf gekommen. Bei bedeutungslosen Frauen ist mir der Name schließlich ebenso unwichtig, wie beim Sex.

Ich habe echt ernsthaft überlegt, Alex anzurufen. Aber ich will nicht mit ihm über etwas reden, was er nicht versteht.

Er ist cool. Er geht einfach seinen Weg. Hat er schon immer. Ihm würde so ein Fehler bestimmt nicht unterlaufen. Ich will vor ihm nicht zugeben, wie schwach ich mich gerade fühle. Wie verletzlich. Und außerdem werde ich es heute wieder ändern.

Mein Schlachtplan steht. Heute gehe ich wieder auf die Jagd. Wäre doch gelacht. Morgen ist Freitag und ein Feiertag, da habe ich also mehr Zeit, um mein Soll zu erfüllen. Ich werde einfach nicht sehr wählerisch sein und nehmen, was mir vor die Flinte kommt, also, vor meine symbolische Flinte.

Später bin ich restauriert und voller Tatendrang unterwegs. Es ist noch relativ wenig los im Club. Das wird sich später ändern.

Tim ist wieder da, tanzt weiter hinten mit diesem Markus. Er ist am Anfang auf mich zugekommen, allerdings habe ich schnell genug reagiert, so getan, als ob ich auf die Toilette muss und ihn stehen gelassen, bevor er mich erreichen konnte.

Das ist jetzt meine Taktik. Ich ignoriere ihn einfach, weiche jedem Gespräch aus. Deshalb wirft er mir auch ständig Blicke zu. Wenn sein Markus es nicht merkt. Denn der wirft mir auch mehrfach Blicke zu. Sehr böse, tödliche.

Ist ja okay. Ich halte mich von dem Kleinen fern. Kann ja nichts dafür, dass der bei jeder Gelegenheit zu mir hinschaut. Leider kann ich ihn nicht völlig ignorieren, vor allem nicht, wenn er ständig Blickkontakt sucht. So kann ich mich gar nicht auf meine Jagd konzentrieren. Denn leider gleitet auch mein Blick ständig auch zu ihm, registriert sehr wohl, wie eng umschlungen er mit diesem Markus tanzt.

Jetzt löst Tim sich doch tatsächlich von ihm und steuert zielstrebig auf mich zu. Ich schaue bewusst in eine andere Richtung, versuche ihn zu ignorieren, aber ich kann schlecht schon wieder auf die Toilette flüchten. Werde ich mich ihm wohl oder übel stellen müssen.

»Hey, Mark«, begrüßt er mich und bleibt in einiger Entfernung unsicher stehen. Seine Hände wandern nervös auf und ab. Ich mustere ihn kühl und nicke ihm zu: »Hey, Tim.« Er lächelt und fühlt sich ermutigt, näher zu kommen. Ich blicke stur über die anderen Tänzer, tue so, als ob ich sie abschätzen würde, nicke dem einen oder anderen zu. Sein Markus ist zum Glück nicht zu sehen. Wahrscheinlich hat er sich deshalb an mich rangemacht.

»Ich hatte versucht dich zu erreichen«, erklärt Tim und schaut mich fragend an.

»Viel zu tun«, bringe ich knapp hervor und vermeide es, ihn direkt anzusehen. Tim ist offensichtlich irritiert von meiner abweisenden Haltung. Was hat er denn gedacht?

»Hast du heute schon was vor?«, fragt er schüchtern und schaut mich verstohlen an. Ich bin für einen Moment echt verblüfft über diese direkte Frage. Immerhin ist er mit seinem Freund hier. Wie würde der es wohl finden, wenn er jetzt zu mir mitkäme? Obwohl … der ist gerade verschwunden. Ah, daher weht der Wind. Sein Macker ist wieder unterwegs und deshalb steht er hier alleine rum und meint, ich könnte mal eben einspringen. Nicht mit mir.

»Ja, heute habe ich was vor. Ich will mir was zum Ficken aufreißen«, antworte ich bewusst grob und schaue ihn dabei direkt an. Tim lächelt noch immer, begreift aber wohl, dass ich diesmal nicht ihn damit gemeint habe. Aber so schnell gibt er nicht auf.

»Ich hätte noch Zeit, wenn du …«, beginnt er. Ich unterbreche ihn und fahre ihn absichtlich an: »Hör zu, ich habe vor, was zu ficken. Aber das wirst bestimmt nicht du sein, okay?«

Tim weicht etwas zurück, sieht mich erschrocken an und schluckt.

»Sorry«, bringt er leise hervor und kann seine Enttäuschung nicht gut verbergen. Abrupt dreht er sich um und geht. Ich starre ihm hinterher und der Impuls ihn zurückzurufen ist da.

In meinem Hals bildet sich ein Kloß. Tapfer schlucke ich ihn hinunter und bleibe stehen. Tim hat es kapiert, denke ich.

Leider fühle ich mich jetzt echt beschissen. Ich brauche erst mal einen Drink.

Von der Bar aus sehe ich, wie dieser Markus aus dem Darkroom wiederkommt und der Kleine auf ihn einredet. Er sieht so aus, als ob sie heftig diskutieren würden.

Ah, vielleicht ist Tim sauer, weil sein Typ mit einem Blowjob verschwunden ist und er im Gegenzug nicht bei mir landen konnte. Auf jeden Fall dreht er sich nun mitten im Gespräch um und verschwindet rasch in Richtung Ausgang. Er schaut sich nur einmal kurz nach mir um und der Ausdruck lässt den Kloß wieder aufsteigen. Ganz entfernt glitzern Tränen in seinen Augen, oder habe ich mich da getäuscht? Will ich doch eh gar nicht so genau wissen.

Dieser Markus folgt ihm langsamer. Er sieht wütend aus und wirft mir einen extrem bösen Blick zu.

Hey, ich kann nichts dafür, das der Kleine bei mir nicht landen konnte und nun sauer ist, weil du deinen Spaß hattest, er aber nicht. Selbst schuld.

Ich wende mich ab und beginne lieber mit einer neuen Schmerztherapie. Das ist so was von unfair, mich mit diesem Augenausdruck anzusehen!

Ich kann dieses Bild nicht loswerden. Das ist schlimmer als hartnäckige Kopfschmerzen und dagegen hilft nur relativ viel Alkohol, der dann leider unweigerlich Kopfschmerzen nach sich ziehen wird. Egal. Besser, als diese Augen dauernd zu sehen.

Ich bin nicht so betrunken wie die letzten Male. Immerhin weiß ich genau, dass ich mir ein Taxi gerufen habe. Ich weiß auch, dass ich den Fahrer bezahlt habe und noch ziemlich gut geradeaus laufen kann. Leider sind diese feucht glitzernden blauen Augen noch immer nicht ganz verschwunden. Nur undeutlicher geworden.

Ich brauche einen Moment, um an der Tür den richtigen Schlüssel zu finden. Das geht nicht mehr so einfach, weil sich das Schloss dauernd bewegt. Endlich geht die Tür auf und ich stolpere in den Hausflur. Irgendjemand kommt hinter mir mit hinein, ich registriere es nicht sofort, fasse lieber die Stufen ins Auge und konzentriere mich darauf, sie hinaufzusteigen.

Dieser jemand ergreift mich grob an der Schulter und dreht mich zu sich herum. Schlagartig werde ich nüchterner.

Scheiße. Das ist Markus. Und er sieht verdammt wütend aus. Mich beschleicht ein wenig Angst. Ich bin durchaus groß und kräftig, allerdings nicht so wie er. Nicht so muskulös. Nicht so wütend.

»Was willst du?«, fahre ich ihn trotzdem an und versuche aggressiver zu klingen, als ich mich fühle.

Er lässt mich los, funkelt mich böse an und knurrt: »Lass deine Finger von Tim. Lass ihn einfach in Ruhe. Der hat was Besseres als dich verdient!«

»Gehört er jetzt dir, oder was?«, kontere ich kaum weniger aufgebracht. Ich schlucke hart, leider hat der Alkohol in meinem Blut auch meinen Selbsterhaltungstrieb betäubt.

»Komm ihm einfach nicht mehr nahe, hörst du?«, droht Markus. »Er hat jemanden verdient, der es ernst meint.«

»Ach? So etwas wie dich, der sich vor seinen Augen den nächsten Fick angelt, etwa?«, gebe ich zurück. In mir brodelt es. Markus schaut mich ungläubig an und der Alkohol spült gerade das letzte Rettungsboot des Verstandes hinweg.

»Du bist doch nur frustriert, weil du ihn nicht im Bett hattest«, werfe ich ihm an den Kopf. Meine Wortwahl ist vulgär und verletzend, ich weiß es, aber das ist mir egal: »Du hast nämlich überhaupt keine Ahnung davon, wie genial er stöhnen kann, wenn ich meinen Schwanz in ihn ramme. Weißt du, wie viel er bei mir abgespritzt hat? Der Kleine ist einfach nur geil!« Meine Stimme ist laut und schrill geworden.

Markus' Gesicht verzerrt sich vor Wut. Zudem ist er schneeweiß geworden, hebt seine Hände zitternd hoch. Ganz plötzlich drückt er mich hart an die Wand, sodass mir glatt der Atem wegbleibt.

»Wage es nicht, so über ihn zu reden, du Arsch! Er ist nicht irgendein Fick.« Seine Stimme bebt und er ist kurz vor meinem Gesicht. Verdammt, er ist wirklich größer als ich.

Mein Verstand ist ganz klar im Alkoholmeer mit der Titanic untergegangen, denn ich kontere zornig: »Nein, er ist der obergeilste Mega-Fick, den du dir vorstellen kannst, du Arsch!«

Seine Augen verengen sich und urplötzlich finde ich mich an der Wand hinabrutschend vor. Mein Schädel dröhnt, mein Unterkiefer jagt Schmerzimpulse durch meine betäubten Nervenbahnen.

Hat er mir gerade eine geknallt? Wahrhaftig: Er hat mir eine verpasst.

Ich sinke verblüfft an der Wand hinunter, bin echt einen Moment wie weggetreten, kann mich nicht rühren. Wie durch einen Schleier nehme ich wahr, wie Markus sich über mich beugt und dann ist er schon weg. Ich sinke weg in tiefe Schatten.

Es kann nicht lange gewesen sein, denn die, auf fünf Minuten eingestellte automatische, Treppenhausbeleuchtung ist noch an. Ich sitze im Treppenhaus an der Wand. Mein Schädel dröhnt und Schmerz dringt durch den Alkoholnebel in mein Bewusstsein. Auch, was gerade passiert ist: Der Typ hat mich geschlagen, mir eine ins Gesicht verpasst.

Scheiße. Der Schmerz breitet sich langsam stärker aus und mir wird übel. Rasch versuche ich, mich hochzustemmen. Ich will mich unter gar keinen Umständen hier im Flur übergeben. Also taumle ich mühsam hoch und klettere Schritt für Schritt die Stufen zu meiner Wohnung.

Mir ist kalt und bittere Galle sammelt sich in meinem Mund. Ich kämpfe um die Kontrolle, bis ich mit zitternden Fingern die Tür geöffnet habe, ins Badezimmer stürze und mich in die Toilette erbreche.

Ich bleibe fast eine halbe Stunde dort. Unsicher, zitternd, verarbeite ich, was gerade geschehen ist: Markus hat mich geschlagen. Kein Grund, hier durchzudrehen. Realistisch betrachtet hätte er mir viel mehr antun können.

Ich war angetrunken, viel zu langsam in meinen Bewegungen und er ist wesentlich kräftiger. Er hätte mir das Gehirn rausprügeln können, wenn er gewollt hätte. Aber er hat mir nur einen Kinnhaken verpasst und ist gegangen.

Es war auch nicht gerade sehr nett, was ich ihm an den Kopf geknallt habe. Das hat er bestimmt nicht gerne gehört.

Ich habe es wohl ein bisschen verdient. Aber scheiß drauf, ich war so wütend.

Mühsam rappel ich mich hoch und stelle mich vor den Spiegel. Okay. So schlimm, wie es sich anfühlt, ist es nicht. Noch nicht.

Verdammt. Verdammt. Das wird einen fetten Bluterguss geben. Ein blaues Veilchen. Jeder wird sehen können, dass mich jemand geschlagen hat. Ganz große Klasse.

Wütend starre ich mein Spiegelbild an.

Er will mir also drohen. Markus will, dass ich mich von Tim fernhalte. Er will, dass ich ihm den kleinen, sexy Kerl einfach so überlasse? Auf seinen feschen Körper und festen Hintern verzichte?

Nein. Nein, verdammte Scheiße. Das werde ich nicht. Du hast mich geschlagen. Du hast mir aufgelauert. Mich bedroht. Aber du wirst ihn nicht bekommen. Jetzt erst recht nicht. Wenn ihn einer nicht verdient hat, dann du. Ich werde um ihn kämpfen. Jetzt hast du dich mit dem Falschen angelegt.

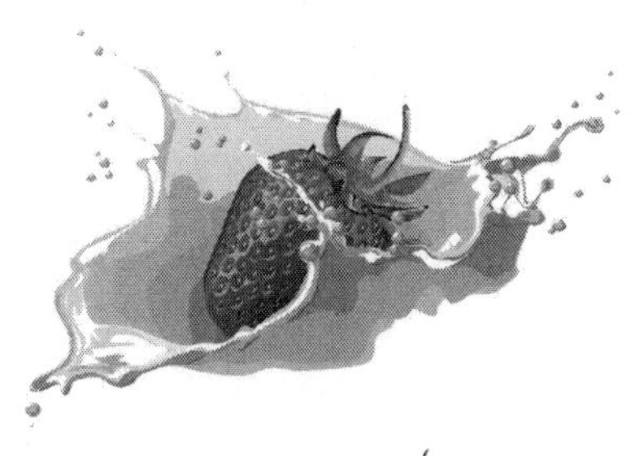

Missverständnisse und Aufklärung

Irgendwie bin ich ins Bett gekommen. Mein Schädel schmerzt, dank Aspirin, nicht mehr so stark. Dafür tut mir morgens mein Spiegelbild weh. Denn da sieht man sehr deutlich den Bluterguss an meinem Wangenknochen. Ich habe wirklich ein verdammtes blaues Veilchen bekommen.

Vorsichtig betaste ich die dunkel angelaufene Haut. *Autsch.* Das tut weh und sieht scheiße aus. Und ich bin keine Frau, die das wegschminken kann.

Schöner Mist. Das kränkt mich. Ich bin durchaus ein wenig eitel.

Hat Tim das nicht auch behauptet? *Kleiner Klugscheißer.* Ich muss grinsen, wenn ich an ihn denke. Mein Entschluss steht fest: Die ganze Nacht habe ich gegrübelt. Ich werde nicht zulassen, dass dieser Markus ihn bekommt. Ich will Tim treffen. Heute.

Also schnappe ich mir mein Handy und suche seine Nummer heraus. Ich schreibe ihm einfach eine SMS: »Lust auf was Aufregendes heute Abend? Treffe dich im Club um 21 Uhr.« Ich setze keinen Namen drunter. Er hat meine Nummer, er wird wissen, von wem die Nachricht kommt.

Eine knappe halbe Stunde später piepst mein Handy. Tatsächlich eine SMS von ihm: »Freue mich schon sehr drauf. Gruß Tim«

Ich grinse zufrieden. Er hat eindeutig immer noch Bock auf mich, obwohl ich ihn habe abblitzen lassen. Gut so. Und ich kann nicht widerstehen und schreibe ihm zurück: »Bin auch schon heiß auf dich. Zieh deine Pants an.« *Damit ich sie dir langsam und genüsslich wieder ausziehen kann. Deinen runden Hintern freilegen, ihn mit meinen Händen umfassen kann und dann …*

Abermals muss ich grinsen. Wäre doch gelacht, wenn ich ihn nicht noch einmal ins Bett bekommen könnte. Immerhin kriege ich sonst auch jeden, den ich haben will. Und ihn will ich mehr als alle anderen.

Scheiß auf seinen Typ. Ich werde Tim das Hirn rausvögeln und ihn dann vor die Wahl stellen. Mal sehen, ob dieser Macho Markus es mit mir im Bett aufnehmen kann. Er kann mich vielleicht mit seinen Fäusten schlagen, aber mal sehen, wie es auf einem anderen Kampfplatz ausschaut.

Es ist Freitag, der 27.

20:55 Uhr und ich bin bereits seit einer halben Stunde im Club. Meine Lebensgeister sind zurück, jetzt da ich Tim gleich wieder treffen werde. Ich bin tatsächlich schon erregt, nur weil ich an ihn denken muss. An seinen tollen Körper und natürlich an seine heißen Pants. Eher bei der Vorstellung, wie ich sie ihm mit den Zähnen herunterreißen und freilegen werde, was er darunter zu bieten hat.

Ich stehe ganz in der Nähe des Eingangs, um ihn sofort abzupassen. Gut gelaunt, nicke ich dem Sonnyboy zu, der heute wieder um mich herumschleicht und immer noch auf einen Blowjob hofft. Ich grinse. Ich bin begehrt. Aber heute Abend habe ich vor, jemand anderen an meinen Schwanz zu lassen.

Da. Da ist er. Tim kommt herein und sein Blick schweift suchend über die Menge. Ich schmunzle, als er mich ausmacht und strahlend auf mich zu kommt. Er freut sich ganz offensichtlich, mich zu sehen.

Für den Moment ist mir völlig egal, ob er einen anderen hat und ob er mit dem schläft oder nicht. Es ist nur wichtig, dass er zu mir kommt und ich ihn in eine enge Umarmung ziehen kann. Eng ist gar kein Ausdruck, denn ich presse ihn so fest an mich, dass er keucht und ich ihn rasch loslassen muss, sonst würde ich ihn wohl zerdrücken.

Sofort ziehe ich ihn sanfter an mich und küsse ihm den Rest des Atems weg. Mein Kuss ist wild und leidenschaftlich. Ich will ihn besitzen. Ganz und gar. Er ist alles, was ich will und das drückt mein Körper mehr aus, als es jedes Wort könnte. Tim lässt sich hineinfallen, schmiegt sich in meinen Kuss, in meine Arme, gibt sich mir völlig hin, bis ich ihn etwas Luft schnappen lasse.

»Mark!«, keucht er überrascht und muss nach Luft ringend. »Willst du mich ersticken?« Anstatt zu antworten, küsse ich ihn erneut, kaum weniger leidenschaftlich, weniger verlangend, halte den Kuss so lange, bis er mit den Händen gegen mich drückt. Er muss sich herauswinden, um erneut nach Luft zu schnappen. Japsend lächelt er mich überrascht und etwas unsicher an. Mit dieser Heftigkeit hat er nicht gerechnet. Ich auch nicht, ich staune über mich selbst, aber ich habe ihn wirklich vermisst.

»Du hast mir gefehlt«, flüstere ich daher mit rauer Stimme.

»Merke ich«, brummt er und schaut mich entzückt von unten an. Urplötzlich ändert sich sein Ausdruck und er reißt die blauen Augen auf: »Mark, was hast du gemacht?« Er hat mein Veilchen entdeckt und seine rechte Hand kommt zögernd hoch, um es zu berühren. Ich weiche etwas zurück und grinse schief.

»Das war eine deutliche Warnung mich von dir fernzuhalten«, erkläre ich und versuche möglichst gleichgültig zu klingen. Seine Augen weiten sich noch ein bisschen mehr und er begreift: »Markus?«

Ich nicke grimmig.

Tims Gesicht verzerrt sich, er sieht wirklich wütend aus.

»Shit. Der soll sich nicht in meine Angelegenheiten mischen. Geht ihn nichts an«, stößt er hervor. »Hat er dich geschlagen?«

»Er hat mir zuhause aufgelauert«, gebe ich mit einem schiefen Grinsen zu. »Sein Anliegen war deutlich: Ich soll mich von dir fernhalten. Mit eigenhändiger Unterschrift.«

»Was du ja offensichtlich nicht machst«, bemerkt Tim und schaut mich mit einer Mischung aus Wut, Mitleid, Respekt und Humor an.

»Nein, ich lasse mir doch nicht vorschreiben, wen ich treffe oder nicht«, erklärte ich mutig, um dem Respekt auch gerecht zu werden, und flüstere: »Außerdem will ich dich noch einmal ficken.«

Tim lächelt schief und leckt sich rasch über die Lippen. Ist dir gerade heiß geworden, Kleiner? *Gut. So will ich dich. Heiß und willig. Eigentlich können wir auch gleich gehen.*

Ich ziehe ihn erneut in eine enge Umarmung und mein Blick gleitet über sein hübsches Gesicht.

»Ich weiß schon gar nicht mehr, wie sich dein Stöhnen anhört«, hauche ich und berühre seine empfindlichen Seiten, indem ich sein T-Shirt hoch schiebe. Prompt schaudert er und krümmt sich, seine Hände krallen sich in mein Hemd.

Ich möchte ihn küssen, doch mein Blick bleibt an etwas hängen und ich erstarre in der Bewegung: Markus. Er ist gerade hereingekommen und hat uns natürlich sofort gesehen. Natürlich auch, was ich hier mit seinem kleinen Freund mache. Er kommt auf uns zu.

Mann, sieht der wütend aus. Mein Körper spannt sich an, was natürlich auch Tim nicht entgeht. Aber meine Hände bleiben, wo sie sind.

»Was …?«, fragt er und folgt meinem Blick. »Shit. Markus.« Dieser baut sich sichtlich geladen vor uns auf. Tim gleitet aus meinem Arm, stellt sich vor mich. Was wirklich lächerlich ist, denn wir beide überragen ihn deutlich. Will er etwa dazwischen gehen, wenn Markus mich angreift? Er würde glatt zerquetscht werden.

»Ich habe dem Arsch doch mehr als deutlich gesagt, er soll dich in Ruhe lassen«, knurrt Markus.

»Der Arsch will aber zufällig gerade mit Tim ficken gehen«, mische ich mich provozierend ein. Die anderen Männer um uns herum geben mir genügend Mut. Er wird es kaum wagen, mich hier zu verprügeln. Obwohl, so wie der gerade schaut, sollte ich mir da lieber nicht so sicher sein.

»Markus halt dich da raus.« Tim macht entschlossen einen Schritt auf ihn zu. »Ich habe es dir schon gesagt. Misch dich da nicht ein.«

»Struppi, der will dich doch nur ins Bett bekommen, alles andere ist ihm egal. Er wird dir wehtun, glaub mir. Der ist nichts für dich.« Markus' Stimme klingt eindringlich. Tim holt tief Luft und wendet sich an mich: »Moment ich kläre das mit ihm persönlich.« Entschuldigend lächelt er, geht an Markus vorbei, packt ihn am Arm und schleift ihn mit sich. Der Typ folgt ihm wahrhaftig, nicht ohne mir eine deutliche Morddrohung per Augenaufschlag zu schicken.

Ich starre beiden perplex hinterher. Was soll das Ganze? Ich beobachte die beiden, wie sie heftig aufeinander einreden. Markus packt Tim an den Schultern und ich bin schon versucht, dazwischen zu gehen. Wehe er tut ihm weh! Aber Tim schüttelt die Hände fast beiläufig ab, umfasst plötzlich mit beiden Händen Markus' Gesicht und zieht ihn zu sich heran. Der große Typ lässt die Schultern fallen und dann …

Was …? Was zur Hölle …? Mir stockt der Atem. Eine eisige Brause wird direkt über mir angemacht.

Sie küssen sich. Direkt auf den Mund. Vor meinen Augen.

Was soll das sein? Markus zieht den Kleinen plötzlich in eine Umarmung und küsst ihn leidenschaftlich und Tim geht mit.

Was tun die da? Die romantische Versöhnung? Ich kotze gleich. Mein Magen ist Eis mit explosiven kleinen Stichen darin.

Okay, dann eben nicht. Bin doch keine billige Alternative. Behalt ihn doch.

Ich habe mehr als einen Kloß im Hals, aber der eine will unbedingt raus. Als Schrei der Wut, des fassungslosen

Zorns über diesen erneuten Verrat. Ich brauche ein Ventil. Mein Gesicht spiegelt das wieder. Ich weiß es. Ich kann es fühlen, kann jedoch nichts dagegen tun.

Tim löst sich heftig aus Markus Umarmung und sieht mich erschrocken an. Er schiebt Markus zur Seite, der mich ebenfalls anstarrt, und kommt herüber. Zornig drehe ich mich um.

Ich brauche nur Sekundenbruchteile um meinen Blick zu klären. In mir ist unglaublich viel eisige Wut und urplötzlich fällt mir Sonnyboy ins Auge, der zu mir herübergrinst. Sofort nehme ich ihn ins Visier und steuere ihn an. Hinter mir höre ich entfernt Tims Stimme. Ich ignoriere ihn.

Das war es Kleiner. Ich bin doch nicht der letzte Arsch.

Ich bin an dem Sonnyboy dran, schnappe mir sofort seinen Hintern und presse ihn an mich. Ich brauche jetzt was Heißes, um das Eis aus mir zu spülen. Und die Wut.

»Lust mir jetzt einen Blowjob zu verpassen?«, frage ich herausfordernd und mein Blick muss irre vor Gier sein, denn er schaut mich kurz erschrocken an. Der steht auf Dominanz, ich spüre, wie er schlagartig hart wird.

»Aber klar doch«, haucht er heiser.

»Dann komm«, schnauze ich und meine beinahe, dass er ein: »Ja, Herr«, flüstert. Widerstandslos kommt er mit.

Hinter mir ist noch immer Tims Stimme, flehentlich ruft er meinen Namen. Soll er doch, bis er schwarz wird. Ist mir doch so etwas von egal. Ich bin nicht sein Hanswurst.

Wir verschwinden in der Toilette, die ist näher dran. Ich blicke mich nicht um, aber ich weiß auch so, Tim folgt nicht. Kurz erhasche ich einen Blick auf ihn durch die Tür, als ich die Kabinentür schließe und Sonnyboy an die Wand presse.

Tim steht verloren im Türrahmen zu den Toiletten. Sein Gesicht ist eine entsetzte Maske. Tränen rinnen seine Wangen hinab. Der heult wirklich. Wieder einmal. Soll er doch. Bin ich sein Babysitter? *Heul dich doch bei deinem großen Freund aus.*

Ich werfe die Tür absichtlich hart zu und Sonnyboy macht sich bereits an meiner Hose zu schaffen. Ich schließe die Augen und konzentriere mich auf seine Hände, Zunge und die Lippen. Er ist gut. Dennoch kann er mir das Bild nicht wegblasen: ein tränenüberströmtes, verletztes Gesicht.

Als ich raus komme, ist Tim weg. Zum Glück auch sein Freund. Ich gehe zur Bar und versuche meinen Frust zu ertränken. Sonnyboy, den ich in der Toilette nach dem Job einfach wortlos von mir geschoben habe, ist mir gefolgt und drängt sich nun an mich.

»Kannst mich auch ficken, hart und fest«, flüstert er.

Ich sage ja, der steht auf Dominanz. Ich bin bewusst verletzend. Einer muss jetzt herhalten für meine Wut und Enttäuschung: »Ich ficke doch nicht mit jedem. Bin was Besseres als dich gewöhnt.« Ja, einen süßen kleinen Typ, der leider schon vergeben ist. *Verflucht sollst du sein, Tim!*

Sonnyboy schnauft kurz und trollt sich beleidigt davon.

Gut so. Ich brauche jetzt Schmerzmittel. In flüssiger Form und davon reichlich. So langsam wird das zur Gewohnheit. Egal. Ist doch alles so etwas von egal.

Ich starre nur auf den Tresen. Ob mich der Barkeeper schon so genau kennt? Auf jeden Fall steht da immer wieder ein neues volles Glas, wenn ich eins hinunter gespült habe. Eins folgt dem anderen, fast wie ein Reflex. Ich schaue nur auf das nächste Glas. Hand ausfahren, umschließen, anheben an den Mund und runter damit. Absetzen, schlucken, den scharfen, brennenden Geschmack abwarten. Kurz Augen schließen.

Bild ist immer noch da. *Verdammt!* Prozedur wiederholen.

Doch plötzlich greift meine Hand ins Leere. Ich brauche drei vergebliche Versuche, bis ich erkenne, dass eine andere Hand das Glas weggezogen hat. Wie hypnotisiert folge ich der Hand, die das Glas zur Seite zieht, anhebt, an den fremden Mund führt und hinunterkippt. Der andere Mann setzt es ab, schluckt und schaut mich an.

Irgendwie braucht mein Verstand etwas, bis er erkennt, dass es Markus ist, der da neben mir steht und mein Glas gerade geleert hat. Der Alkohol verlangsamt meine Reflexe, denn meine Faust ballt sich nur in Zeitlupe und der Befehl den Arm zu krümmen, auszuholen und ihm ins Gesicht zu schlagen, erfolgt ebenfalls verlangsamt.

»Ich muss da mal was klarstellen«, sagt Markus, bevor der Vorgang abgeschlossen ist, und schluckt hart. Sein Gesicht ist angespannt. Der Hass ist jedoch aus seinen Augen gewichen. Ebenso jede Bedrohung.

Mein Arm erschlafft, dafür verspritzen meine Augen tödliches Gift. Ich will ihn tot sehen, sich in Krämpfen windend.

»Du kannst ihn haben«, krächze ich hervor. Meine Stimme ist fremd, rau, schrill, die Worte kommen langsam, wie mein ganzes Denken. »Mir liegt nichts an dem Kleinen. Nimm ihn ruhig. Ich kann hier jeden anderen haben.«

Markus betrachtet mich, sein Ausdruck ist eher abwartend.

»Mir liegt nichts an ihm«, flüstere ich hinterher und dieser verdammte Kloß ist wieder da. Am liebsten würde ich Markus anbrüllen, ihn schlagen, ihn treten, ihn kastrieren. *Oh ja! Prima Idee.*

»Das sah aber eben ganz anders aus«, meint er gelassen und mustert mich eindringlich. »Oh Mann! Dein Gesicht hättest du sehen sollen. Hättest mich am liebsten umgebracht, als er mich geküsst hat.«

Ich will dich immer noch umbringen. Wiege dich nicht in Sicherheit.

»Hau einfach ab! Vergiss es. Nimm ihn ruhig. Wenn er es so will«, presse ich wütend hervor. Ich bin angetrunken, innerlich erstarrt, eiskalt und der Alkohol rinnt viel zu langsam durch meine Blutbahnen, um rationales Denken zuzulassen. Ich wende den Blick ab und versuche meine Stimme an diesem blöden Kloß im Hals vorbei zu pressen.

»Nimm ihn«, sage ich und klinge verdammt hoffnungslos. »Aber eins sage ich dir: Er ist echt das Genialste im Bett, was mir je untergekommen ist und du bist ein Idiot, wenn du das nicht weißt. Wie er stöhnt und mitgeht, sich voll reinhängt.« Okay, ich bin total besoffen. Warum erzähle ich ihm das alles? Wird er ja selbst wissen oder zumindest bald herausfinden.

»Hab deinen Spaß mit ihm«, würge ich hervor und fühle mich, als ob ich gleich kotzen muss.

»Schön, dass du mir das erzählst«, vernehme ich seine seufzende Stimme und ich starre ihn an. Sein Gesicht drückt Verlangen aus, schmerzhaftes Begehren und … Bedauern.

»Aber das werde ich nie erleben«, gesteht er. »Ich ficke nicht mit meinem Bruder.«

Moment. Halte mal bitte jemand den Film kurz an, ja? Ich komme da gerade nicht ganz mit. Können wir kurz zurückspulen?

»Aber das werde ich nie erleben«, gesteht er. Okay. Das war die Wiederholung. Aber ich habe es immer noch nicht kapiert. Wie war das? Bitte noch mal für mich Idioten: »Ich ficke nicht mit meinem Bruder.«

Bruder? Aber er kann unmöglich sein Bruder sein!

»Bruder?«, nuschle ich hervor. »Aber wie ihr küsst und du ihn anfasst. Du kannst nie im Leben sein Bruder sein! Kein Bruder küsst so, ohne sich eine einzufangen!«

Markus, dieser große Typ, grinst verlegen. Seine Hände liegen plötzlich auf dem Tresen und ergreifen das nächste volle Glas, kippen es rascher herunter, als ich zusehen kann. Er seufzt und dreht sich abrupt zu mir herum.

»Ja okay, ist vielleicht etwas ungewöhnlich«, gibt er zu. »Aber, hey, wir sind beide schwul und wir stehen uns einfach sehr nahe.« Er macht eine Pause, leckt sich über die Lippen und schnappt sich das nächste Glas, die wirklich magisch immer wieder gefüllt auftauchen. Mein Reflex klappt nicht mehr. Ich habe zu viel damit zu tun, ihn fassungslos anzustarren.

»Deshalb wollte ich ja auch nicht, dass du ihn nur als einen weiteren Fick siehst. Tim ist etwas Besonderes und du Mistkerl hast ihm vorhin echt wehgetan. Mag ja sein, dass er für dich nicht so viel bedeutet, aber du für ihn schon.« Nun schaut er mich wieder böse an.

»Ich habe es ihm von Anfang an gesagt. Nie zweimal«, bringe ich automatisch meine Verteidigung hervor.

»So?« Markus mustert mich skeptisch. »Was Tim erzählt hat, hast du definitiv mehr als zweimal mit ihm.« Er seufzt und kippt das nächste Glas.

»Na klasse, ich bin ja genauso«, erklärt er seufzend. »Jeder nur einmal. Keine Namen. Schneller Sex und das war es.«

»Mit Tim war das nicht so«, lenke ich ein und stütze mich neben ihm auf den Tresen ab. Das nächste Glas wandert in meinen Mund.

»Scheint mir auch so«, brummt er. »Was ist passiert?«

»Er ist mir passiert«, seufze ich und starre irgendwie auf meine Hand, die ich umdrehe und öffne. »Keine Ahnung. Eben noch fand ich es geil, jeden Arsch zu ficken, und jetzt will ich nur noch ihn. Ich kriege ja bei einem anderen nicht mal mehr einen hoch. Nur wenn ich an ihn denke. Verrückt oder?« Markus grunzt nur.

»Wo ist er denn hin?«, frage ich.

»Abgehauen, als du mit dem Sonnyboy verschwunden bist«, meint Markus und schielt mich seitwärts an. »Er war ziemlich down. Hat geheult wie ein Schlosshund. Hat mich verflucht und auf dich geschimpft. Uns beide zum Teufel gewünscht.«

»Er hat echt geheult, oder?« Ich habe es ja gesehen. Das Bild ist immer noch da.

»Macht er immer, wenn er richtig down ist.« Markus seufzt und scheint Erinnerungen nachzuhängen.

»Habe ich schon mal erlebt«, brumme ich und denke an mein erstes Mal mit Tim.

»Er tut immer so cool, aber er ist echt ein Sensibelchen«, erklärt Markus mit einem zärtlichen Schmunzeln. »Nicht zu fassen, dass er sich überhaupt mit dir eingelassen hat.« Er schüttelt den Kopf. Das nächste Glas gehört ihm.

»Er wusste doch bestimmt, was du für ein Typ bist. Du bist mir zu ähnlich«, gibt er mit einem schiefen Grinsen zu und ich nicke automatisch, begreife etwas mehr, trotz Alkoholwölckchen.

»Vielleicht gerade deshalb«, stelle ich fest.

Wir schweigen eine ganze Weile.

»Ich habe es ihm doch gesagt. Habe ihm erklärt, dass ich es sonst nur einmal mit jedem mache. Aber ich habe ihn gleich beim ersten Mal zweimal gevögelt. Mache ich nie.« Alkohol löst bekanntlich die Zunge und meine ist federleicht geworden.

Schweigen.

Wir seufzen beide fast gleichzeitig.

»Er küsst so klasse«, schwelge ich in Erinnerungen.

»Du küsst?«, fragt Markus überrascht.

»Normalerweise nicht.«

»Streicheln und kuscheln?«

»Normalerweise nicht.«

»Keine Wiederholung?«

»Normalerweise nicht.«

»Namen auch nicht?«

»Normalerweise nicht.«

Wir schweigen abermals. Das nächste Glas bleibt unberührt.

»Okay«, meint Markus gedehnt. Seine Stimme ist etwas belegt. »Er ist wirklich was anderes für dich.«

»Ja«, antworte ich schlicht. Ich habe mich in Tim verliebt. Ich weiß es doch schon längst. Ein Teil wusste es schon immer. Der Rest war zu blöd, es zu kapieren.

»Scheint dich wirklich schwer erwischt zu haben«, meint Markus und grinst mich plötzlich alkoholselig breit an.

»Hättest du gedacht, dass dir das Mal passiert?«

»Nein. Nie. Vor allem nicht bei so einem Greenhorn«, stöhne ich. »Tim hatte ja von nichts eine Ahnung. Er hat vor lauter Unsicherheit gezittert und ist dann im Bett voll abgegangen. Irre.« Ich versinke in wohligen Erinnerungen, erfüllt von seinem Stöhnen.

Markus seufzt ebenfalls. Keine Ahnung, an was der denkt. Wir sind beide etwas angetrunken. Deshalb macht es mir auch gar nichts aus, dass er plötzlich seinen Arm um mich legt und mich kurz an sich presst. Brüder im Geiste. Alkohol hat eine komische Wirkung.

»Eine Ahnung, wo er sein könnte?«, unterbreche ich nach einer Weile unsere alkoholische Blutsbruderschaft.

»Zuhause?«, brummt er fragend.

»Lass uns ihn suchen«, schlage ich vor. Mir ist es plötzlich wichtig, Tim zu finden. Markus nickt. Der Barkeeper ist schon heran und ich lege ihm einen Fünfziger auf den Tresen, weil ich absolut keinen Schimmer mehr habe, was und wie viel wir gerade getrunken haben.

»Stimmt so«, brumme ich und habe einen sehr guten neuen Freund gewonnen. Mein anderer Freund ist schon Richtung Ausgang unterwegs und ich folge ihm.

Die frische Luft macht uns etwas nüchtern. Trotzdem weiß ich, dass ich mich in kein Auto mit mir am Steuer setzen werde. Markus muss ähnliche Gedanken gehabt haben, denn er hat schon das Handy am Ohr und ruft uns ein Taxi.

Wir reden nicht viel, bis wir an einem schmucken Vorstadthäuschen aussteigen. Markus bezahlt das Taxi, bevor ich reagieren kann. Dann nickt er mir zu und ich folge ihm zu dem Hauseingang, der von Rosenbüschen beinahe zugewachsen ist. Sieht sehr nett aus, irgendwie … englisch.

Markus klingelt und es dauert nicht lange, bis uns ein schlanker, fast schon zu dünner Mann öffnet, der so eindeutig

Tims Vater ist, dass es keiner Erklärung bedarf. Er mustert mich fragend und schaut zu Markus.

»Hey, Dad. Ist Struppi schon zuhause?«, fragt Markus. Ich brummle ein »Hallo« hervor.

»Nein, ich glaube nicht«, meint sein Vater mit einem leicht englischen Akzent. »Ist ja auch noch nicht sehr spät.« Er öffnet die Tür und lässt uns hinein. Er geht voraus und winkt uns in eine schnuckelige kleine Küche. »Mum schläft schon. Wollt ihr etwas trinken? Ich habe auch noch Bier da.« Wir schütteln unisono den Kopf und grinsen uns verblüfft an.

»Also hast du keine Ahnung, wo Struppi sich rumtreiben könnte, oder«, bohrt Markus noch mal nach, als wir am Küchentisch sitzen. Sein Vater verdreht die Augen und schaut seinen Sohn unwirsch an.

»Markus, er ist erwachsen. Timothy ist kein kleines Kind mehr, das du dauernd beschützen musst. Er muss dir wirklich nicht jedes Mal Rechenschaft ablegen, wo er mit wem ist, oder? Er wollte bei seinem Freund übernachten. Zumindest hat er mir diesmal gleich Bescheid gesagt und ich mache mir nicht wieder die halbe Nacht Sorgen, weil er sich nicht meldet.«

»Äh«, würge ich unbehaglich hervor. »Ich bin der … sein Freund.« Klingt komisch. Ungewohnt. Aber das bin ich ja wohl.

Markus Vater sieht mich kurz prüfend an und lächelt.

»Mark Benedikt«, stelle ich mich entschlossen vor.

»Stewart Dawson«, antwortet er und reicht mir seine Hand. »Freut mich Sie kennenzulernen, Mark. Timothy hat mir leider nicht viel von Ihnen erzählt.« Sein Blick wandert von mir zu Markus und zurück.

»Alles in Ordnung?«, fragt er mit zunehmendem Misstrauen in der Stimme.

»Ja klar, alles bestens«, wiegelt Markus sofort ab, das Gesicht seines Vaters bleibt argwöhnisch. »Tim ist aus dem Club abgehauen, ohne Bescheid zu sagen. Wir suchen nach ihm.«

»Ist denn etwas passiert?«, fragt sein Vater nach und sieht besorgt aus.

Viel. Aber das wäre wohl schwierig zu erklären.

»Wir haben uns gestritten«, seufzt Markus. »Und jetzt ist er sauer auf mich.«

»Wieso denn?« Sein Vater bleibt interessiert.

»Wegen mir«, werfe ich schuldbewusst ein und ernte einen erstaunten Blick.

»Ich wollte ihm verbieten, Mark weiter zu treffen«, gibt Markus zerknirscht zu. Stewarts Augen blitzen kurz auf und erinnern mich unglaublich an zwei andere blaue Augen.

»Was er mit Sicherheit ignoriert hat. Habe ich Recht?«, amüsiert er sich, deutet auf mein Gesicht und wendet sich Markus zu: »Warst das auch du?« Oh er klingt sehr streng und alles andere als belustigt.

Markus senkt schuldbewusst den Kopf.

»Ja, war er«, enthebe ich ihn der Antwort. »Aber ich hatte es verdient.« Stewart schaut überrascht auf, ich erkläre jedoch nichts weiter.

Er seufzt: »Markus, du kannst Timothy nicht vorschreiben, wie er sein Leben zu leben hat. Er ist nicht mehr der unglückliche, verängstigte Junge, den du beschützen musst. Du wirst ihn irgendwann gehen lassen müssen. Und du wirst ihm auch nicht vorschreiben können, wen er zu lieben hat. Wenn er Mark liebt, dann ist das eine Sache zwischen Mark und Timothy.«

Ich fühle eine warme Welle durch mich gleiten. Wow, warum habe ich nicht so einen Vater haben können? Kann man den klonen? Ich lächle ihn wohlwollend an. Er gefällt mir.

Markus brummelt: »Weiß ich ja. Warum meinst du, suchen wir gemeinsam nach ihm?«

Stewart lächelt. »Er taucht schon wieder auf.«

»Gibst du mir, äh, uns Bescheid, wenn er heimkommt«, fragt Markus mit einem Seitenblick auf mich.

»Sure.« Stewart nickt und erhebt sich.

»Wenn Sie mal zur Teatime vorbeikommen möchten, würden ich und meine Frau uns sehr freuen«, wendet er sich beim Abschied an mich. »Timothy muss Sie nicht verstecken.« Er grinst, drückt mir fest die Hand und ich bin sicher, dass ich es tun werde, sobald ich meinen Kleinen wieder habe. Aber dazu müssen wir ihn erst mal finden.

Markus umarmt seinen Vater rasch und folgt mir den Weg hinunter. Wir stehen etwas ratlos herum.

»Hast du eine Ahnung, wo Tim sich sonst rumtreiben könnte?«, frage ich vorsichtig nach. Immerhin kennt ihn Markus deutlich länger als ich.

»Nicht wirklich«, gibt dieser zu. »Er hat praktisch keine echten Freunde.« Er zuckt mit den Schultern.

»Ich fahre wohl besser nach Hause«, meine ich, obwohl ich nicht so recht Lust habe, jetzt alleine zu sein und nicht zu wissen, wo sich Tim befindet. Markus schluckt kurz und schaut mich an. »Wir können auch zu mir gehen. Ich wohne in der Nähe, das ist nicht so weit. Ich glaube es zwar nicht, aber eventuell ist er da. Meistens, wenn er Kummer hat, kommt er zu mir. Gut, dieses Mal …«

»Gute Idee. Sehen wir nach.« Wir setzen uns in Bewegung. Markus unterbricht irgendwann unser Schweigen: »Hat dir Tim was von sich erzählt?« So ein bisschen lauernd klingt es.

»Eigentlich nicht«, gebe ich zu. *Im Grunde haben wir vor allem gefickt.* Aber das schlucke ich lieber hinunter. Ich will mir Markus' Freundschaft, unsere Not-Freundschaft, nicht gleich wieder kaputtmachen. Dieser stopft sich demonstrativ seine Hände in die Hosentaschen und ringt sichtlich nach Worten.

»Tim ist nur mein Halbruder«, eröffnet er mir. Ich blicke überrascht auf. »Seine Mum war eine Weile lang die Geliebte meines Vaters, drüben in England. Der musste früher immer mal wieder für ein oder zwei Monate rüber. Meine Mutter hat davon nichts gewusst, bis Tims Mum vor fünf Jahren gestorben ist.« Er macht eine Pause und wir stampfen weiter die Straße entlang. Ich fühle mich kaum noch beschwipst, aber da ist noch genug Alkohol in meinem Blut, das fühle ich und jede Menge Neugierde.

»Er kam nicht gleich hierher zu uns. Tim war fast ein Jahr in einem Heim in England, bis Dad überhaupt davon erfuhr. Damals war er mit Tims Mum schon jahrelang nicht mehr zusammen. Er wusste gar nicht, dass er noch einen Sohn hatte. Er ist rübergeflogen und hat ihn mitgebracht. Und so kam Struppi zu uns. Er war vierzehn, völlig verschüchtert, kannte keinen von uns, weder Sprache noch Land.«

Markus Stimme klingt komisch belegt, doch er hört nicht auf zu reden: »Oh Mann. Er war völlig verängstigt und unsicher und … niedlich. Er hat fast zwei Monate nur in seinem

Zimmer verbracht, kaum geredet, sich nicht rausgetraut und total viel geheult. Macht er ja hin und wieder immer noch. Ich habe mich irgendwann um ihn gekümmert. Er tat mir leid und hatte niemanden. Ich bin vier Jahre älter als er, eben der große Bruder. Tim ist echt weitaus mehr als ein Bruder für mich.« Er seufzt. »Kannst du das verstehen?«

Ich nicke und habe einen kleinen Kloß im Hals, während die Bilder in mir lebendig werden.

»Ich war immer für ihn da. In der Schule und danach. Habe ihn beschützt. Niemand durfte ihm was tun. Er ist mein kleiner Bruder. Aber auch ein bisschen mehr … als das.« Markus seufzt abermals und ich habe es schon geahnt, als er fortfährt: »Ich glaube, ich habe mich gleich am Anfang in ihn verguckt, als er ankam. Ich hatte gerade erst entdeckt, dass ich eher auf Kerle stehe und er brauchte einfach jemanden, der für ihn da ist.«

Ich schlucke, als ich das so höre. Das passt einfach. Wie vertraut die beiden miteinander umgehen. Nicht nur wie Brüder.

»Komm bloß nicht auf komische Ideen.« Markus wirft mir sofort einen Seitenblick zu. »Ein bisschen mehr als sich gegenseitig streicheln und knutschen war es nie, okay? Mann, er ist mein Bruder. Und dass er schwul ist, hat er ja auch erst später entdeckt. Er hat sehr wohl mitbekommen, dass ich ständig irgendwelche Kerle abschleppe. Aber das wollte ich nicht für ihn. Ich habe keinen an ihn rangelassen, weiß du?

Ich wollte nicht, dass ihm jemand das Herz bricht. Nein, stimmt nicht ganz«, unterbricht er sich grübelnd. »Ich wollte ihn nicht mit jemand anderen zusammen sehen. Ich wollte nicht, das er sich in jemanden verliebt. Wie auch ich mich nie in jemand anderen verlieben wollte.«

Ich schweige und schlucke mehrfach, denn irgendwie ist mir gerade klar geworden, dass Markus das noch nie jemandem gesagt hat. Das ist hart.

Seine Stimme ist nur noch ein leises Flüstern. Da ist plötzlich nichts mehr von dem selbstbewussten, muskelbepackten Traumtypen übrig und ich halte unwillkürlich an. Was ihn wohl noch plagt? Markus dreht sich zu mir um und schaut mir direkt in die Augen. Die sind von Zweifeln erfüllt und ich kann nichts sagen, um ihm diese zu nehmen.

»Weißt du, wie das ist, jemanden zu lieben und genau zu wissen, dass du ihn nie haben kannst?«, flüstert er so leise, dass ich ihn fast nicht verstehe. »Verdammt. Er ist … mein Bruder!« Markus wendet sich entschlossen ab.

Ich bin sprachlos und versucht ihn in den Arm zu nehmen, denke aber, dass er mir das übel nehmen würde. Sein Hass auf mich wird mir plötzlich klar. Deshalb strecke ich nur die Hand aus und lege sie ihm fest auf die Schulter. Er dreht sich zu mir um und starrt mich eine ganze Weile an. Ganz plötzlich funkeln seine Augen wild und erinnern mich fatal an Tims Augen.

»Wenn du ihn jemals enttäuschen solltest, bringe ich dich um. Das schwöre ich dir«, zischt er mich an und ich weiß, er meint es wirklich ernst.

Ich grinse. Das fehlt mir gerade noch: ein wahnsinnig eifersüchtiger Bruder, der mich messerschwingend verfolgt.

»Werde ich nicht«, flüstere ich ernsthaft zurück. *Werde ich ganz bestimmt nicht. Tim gehört zu mir und ich werde auf ihn aufpassen.*

»Ich werde versuchen, ihm zu geben, was du für ihn bist«, füge ich hinzu, doch Markus schüttelt wild den Kopf.

»Mark! Er braucht keinen weiteren Bruder. Er braucht dich. Einen Lover. Einen festen Freund. Einen Geliebten. Jemand der alles für ihn ist, dem er vertrauen kann, der sein Leben mit ihm teilt. Kannst du das? Willst du das?« Seine Stimme ist laut und eindringlich geworden.

Scheiß Ehrlichkeit.

»Ich weiß es nicht, Markus. Ich habe keine Ahnung. Ich lasse mich das erste Mal seit Jahren, nein eigentlich überhaupt auf so etwas ein. Aber ich werde ihm nie wehtun. Ich werde ihm gegenüber immer ehrlich sein, das verspreche ich. Ehrenwort!« Und das meine ich auch so. Ich bin ein Ehrenmann, egal was alle von mir denken: Ich bin immer ehrlich.

Markus nickt und wir setzen unseren Weg fort. Endlich erreichen wir seine Wohnung, und als er das Licht im Treppenhaus einschaltet, ruft er auch gleich leise: »Struppi?« Keine Antwort.

»Vielleicht hockt er oben vor der Tür«, hofft er und wir steigen ein Stockwerk hoch. Doch Tim ist nicht da. Markus schließt seufzend die Tür auf und bittet mich hinein. Ich bin verblüfft, denn seine Wohnung hat unglaubliche Ähnlichkeit mit meiner. Nicht nur die Einrichtung, sogar der Schnitt der Zimmer. Ich muss grinsen. Wir sind uns wirklich ähnlich.

»Bist du eigentlich echt so eine Rakete im Bett, wie er erzählt hat?«, fragt Markus plötzlich schmunzelnd, als wir uns im Wohnzimmer aufs Sofa setzen. Er hat uns Cola und O-Saft besorgt und Chips.

So, hat er das erzählt? Ich schmunzle zurück, schaue verschmitzt zu Markus herüber.

»Nein. Eher er. Ist wohl umgekehrt«, lenke ich ab, mehr will und werde ich nicht erzählen. Markus seufzt.

»Es ist mit ihm irgendwie anders, als sonst, ganz anderer Sex«, gebe ich ebenso seufzend zu und versuche zu erklären: »Erst war er ja nur meine Nummer fünfzehn, aber es war so völlig anders mit ihm. Irgendwie anders eben.«

»Nummer fünfzehn?« Er horcht auf.

Oh Mist, jetzt hat er mich. Kann ich ihm das erzählen? Muss ich wohl. Ich will nicht lügen. Kann ich gar nicht.

»So eine blöde Wette mit meinem Kumpel«, erkläre ich möglichst neutral.

»Wette?« Markus runzelt argwöhnisch die Stirn. Okay, ich erkläre es ihm mit wenigen Worten.

Er grinst. »So etwas könnte mir auch passieren. Ich führte mal eine Liste. Hatte mal was Ähnliches an einem Wochenende laufen. Aber 30 in 30 Tagen? Wow! Wieweit bist du?«

Ich seufze unecht, als er sich zurücklehnt und mich gespannt mustert. *Jäger unter sich. Zählen wir mal die Trophäen.*

»Nur sechzehn«, gebe ich zu und weil er natürlich fragend schaut, ergänze ich: »Tim war Nummer fünfzehn und danach hatte ich irgendwie nicht wirklich Bock auf einen andern. Nummer sechzehn war voll die Katastrophe. Ich habe kaum einen hochgekriegt und gekommen bin ich auch nicht.«

Das ist mir irgendwie gar nicht wirklich peinlich, ihm das zu erzählen. Jäger unter sich eben.

Markus grinst trotzdem süffisant vor sich hin, hängt seinen Gedanken nach, scheint es.

»Werde die Wette wohl verlieren. Scheiß drauf. War eh blöde«, schließe ich selbst endlich damit ab. Markus schaut nachdenklich. Wir sitzen schon recht lange hier. Sind beide beinahe am wegdösen. Es ist irgendwas nach 2 Uhr, glaube ich.

»Meinst du, dass passiert uns einfach so?«, fragt er träge und ich schaue ihn fragend an, folge nicht mehr ganz seinen Gedanken. Meine Augen wollen zufallen.

»Na ja, dass man irgendwann jemanden findet, der mehr als nur eine schnelle Nummer ist.«

»Keine Ahnung. Ich habe es nicht sofort bemerkt. Ehrlich gesagt finde ich es auch jetzt noch komisch. Aber ich denke, es ist wohl so, das es einfach passen muss.« Wir werden langsam philosophisch. Ist auch schon wirklich spät. Ich rapple mich mühsam hoch.

»Werde dann mal gehen«, murmle ich. Bin doch wirklich ganz schön müde, denn ich taumle etwas. »Meldest du dich, wenn du was von ihm hörst?«

»Klar«, kommt Markus schläfrige Stimme und kommt ebenso schwankend hoch.

»Du kannst aber auch auf der Couch pennen, wenn du willst«, bietet er an. Ich zögere kurz, doch das Angebot ist zu verlockend.

»Okay, morgen bin ich gleich weg.« Alte Angewohnheiten eben. Er grinst und schlurft in sein Schlafzimmer, um mir Bettzeug zu holen.

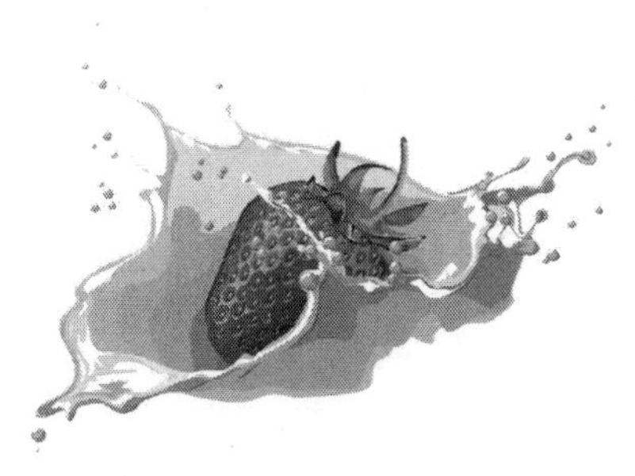

Erdbeeren

Samstag der 28.
9 Uhr irgendwas.

Ich bin eigentlich noch immer hundemüde und würde am liebsten weiterschlafen. Irgendwas war gestern. Meine Couch fühlt sich anders an als sonst. Irgendwie fremd …

Moment. Ich werde wacher. Das ist doch nicht mein Fernseher? Er sieht ganz anders aus. Und wieso steht er auf der anderen Seite? Verwirrt komme ich hoch und sehe mich um. Fast wie bei mir zuhause. Aber verwirrend anders. Wo zur Hölle bin ich?

Irritiert starre ich den Fernseher an und dann kommt ganz langsam eine Erinnerung zurück: Tim … Sein tränenüberströmtes, enttäuschtes Gesicht. Markus. Unsere Blutalkoholfreundschaft. Sein Vater. Unser Gespräch.

Aufstöhnend falle ich zurück. Ich bin in Markus Wohnung, auf seinem Sofa. Und unsere Ähnlichkeit hört eben nicht an der Wohnungstür auf. Mein Kopf fühlt sich nicht gut an. Das wird langsam ein Dauerzustand.

Ich rolle mich ächzend vom Sofa und suche das Badezimmer. Mist, kein Handtuch. Und ich trage keine Unterwäsche. Aber Markus kann mir bestimmt eins von beiden geben.

Ich trete vor die Badtür und überlege ob sich das Schlafzimmer, wie in meiner Wohnung, auch gegenüber befindet. Das finde ich sofort heraus, weil Markus ebenfalls schon wach ist. Er öffnet gerade die Tür, als ich klopfen will.

»Moin«, begrüße ich ihn schläfrig. »Hast du mal ein Handtuch für mich? Im Bad finde ich keins.« Er ist noch völlig verschlafen, sein Blick gleitet routinemäßig über mich und tiefer. Er grinst, wohl weil ich nackt vor ihm stehe.

»Sorry, trage nie Unterwäsche«, entschuldige ich meinen Anblick.

»Klar, Moment«, nuschelt er noch immer schlaftrunken und öffnet die Tür ganz. Ich stehe im Türrahmen zu seinem Schlafzimmer. Sieht fast so aus, wie bei mir. Erstaunlich.

Markus trägt nur eine Unterhose, holt aus einem Schrank zwei Handtücher hervor. Als er sich umdreht, fällt mein Blick gewohnheitsmäßig auf das, was seine Unterhose nur geringfügig verdeckt.

Scheiße, ist der groß. Eine so große Beule habe ich noch nie gesehen. Wie viele Zentimeter es wohl sein werden? Unwillkürlich schlucke ich. Er hat meinen Blick bemerkt und schmunzelt.

»Achtzehn«, brummt er und lächelt schief. »Blöde Angewohnheit, oder? War auch mein erster Blick bei dir. Sorry.« Wir sehen uns wissend an.

»Nettes Schlafzimmer«, meine ich und warte darauf, dass er mir das Handtuch endlich aushändigt. Er schaut sich achselzuckend um.

»Es erfüllt seinen Zweck. Willst du?« Er bietet mir endlich das Handtuch an.

»Ist es okay, wenn ich als Erster dusche?«, frage ich nach, während ich es ergreife. »Will gleich los.«

»Klar. Mach. Ich habe Zeit.« Im Flur ist plötzlich ein Geräusch zu hören und wir zucken beide unwillkürlich zusammen. Die Haustür ist zugefallen. Überrascht drehe ich mich um und starre direkt in Tims schreckgeweitete Augen.

Die Welt bleibt stehen. Zumindest sollte sie das. Lass sie uns schnell anhalten, ich springe raus und verschwinde im Bad. Oder greife mir schnell das Handtuch und binde es um, okay? Aber nein, ich stehe hier in Markus' Schlafzimmer. Völlig nackt, das Handtuch noch in der Hand. Und Markus ebenfalls beinahe nackt.

Tims Augen fallen ihm beinahe aus dem Kopf. Sein Atem geht keuchend. Ich bin wie gelähmt, kann nicht denken, nicht handeln, nichts sagen. Dann dreht sich die Welt einfach weiter. Gnadenlos.

Tim steht da, ein Zittern durchläuft seinen Körper und Tränen schießen ihm in die Augen. Wie ein Raubtier stürzt er sich auf seinen Bruder und schlägt wie wild auf ihn ein, versucht ihn, völlig außer sich, sogar zu treten.

»Du Arsch, du verdammter Arsch. Du mieses Stück Scheiße!«, schreit er seinen Bruder hysterisch an, der völlig perplex zurückweicht und sich nur unzureichend wehrt.

»Du wolltest ihn nur für dich haben. Das war alles Absicht. Von wegen, dass er nichts für mich ist. Du wolltest ihn selbst haben. Ein Weiterer auf deiner Liste? Du Arsch! Du verfluchter Arsch!«, heult der Kleine mit sich überschlagender Stimme.

Markus wehrt nur unzureichend die Tritte und Schläge ab. Er ist ebenso sprachlos und fast so bewegungsunfähig wie ich.

»Warum musst du mir alles kaputtmachen? Warum?«, heult Tim weiter, schluchzt und seine Bewegungen werden fahriger.

Plötzlich ist der Bann gebrochen. Ich muss beinahe lachen. Markus, dieser große muskulöse Traumtyp weicht vor dem kleinen Tim zurück. Ich schlucke mein aufkommendes Lachen hinunter und ziehe Tim entschlossen von seinem Bruder weg. Er kämpft gegen meinen Griff, strampelt wie wild. Tränen quellen ihm aus den Augen, laufen in breiten Bahnen über sein Gesicht.

Mein Herz setzt aus, als er mich ansieht. In seinen Augen ist so viel Liebe, mehr, als man sich vorstellen kann und außerdem tiefe, schmerzerfüllte Verzweiflung.

»Hey, es ist nichts passiert«, beruhige ich ihn plump, weil mir kaum Worte über die Lippen kommen wollen, so gefangen bin ich in seinen Augen, so sehr schmerzt dieser Anblick.

»Mark …« Seine Stimme klingt gebrochen, ist flüsternd, voller Qual. Noch rinnen die Tränen über sein Gesicht. Er sackt in sich zusammen und schluchzt hemmungslos. Ich nehme ihn sanft in den Arm, ziehe ihn heran, bette seinen Kopf an meine Brust und streichle durch sein Haar. Es tut gut, ihn zu halten. Ihn einfach da zu haben.

»Es ist alles gut, Kleiner. Es ist nichts passiert. Es gibt nichts zwischen uns«, murmle ich beruhigend. Tim hebt vorsichtig sein Gesicht und starrt mich an. Diese Augen! Diese irre blauen Augen. *Ich versinke in dir, Kleiner. Du kannst bis in meine Seele blicken und es macht mir gar nichts aus.*

»Mark hat hier nur gepennt«, kommt Markus Stimme aus dem Hintergrund. »Wir haben dich gestern gesucht und dann war es schon 2 Uhr nachts und er hat hier auf dem Sofa gepennt, du Dummkopf.«

Tim schaut mich noch immer an, seine Lippen zittern. Ich beuge mich vor und hauche einen Kuss auf seine schönen, weichen Lippen.

»Wie kannst du glauben, ich wollte jemand anderen als dich?«, raune ich, gefangen in seinen Augen. Ich ertrinke darin. Nur mit Mühe schaffe ich es, mich etwas an die Wasseroberfläche zu kämpfen.

»Hey, Markus ist definitiv nicht mein Typ«, erkläre ich sanft, aber bestimmt. »Weißt du …«, ich drücke Tim noch fester an mich und schaue ihm erneut tief in die wunderschönen Augen. »Ich fürchte, ich habe mich in seinen kleinen Bruder verliebt.«

Da, es ist raus. Ich habe es ihm gesagt. Und bleibt jetzt die Welt stehen? Hört man kitschige Musik im Hintergrund? Oder fällt gerade mein Kumpel Alex vom Stuhl vor Schreck?

Nein. Alles ganz unspektakulär. Nur Tim sieht mich ungläubig an.

»Aber du … gestern … du … du hast mir gar nicht zugehört. Dein Gesicht … Und du … bist einfach gegangen. Ich … ich … wusste nicht … ich«, stammelt er. Ich küsse ihn erneut. Ist das Antwort genug? Nein, so schnell entkomme ich nicht.

»Gestern war ich ein Arsch. Ich wusste ja nicht, dass dieser tolle Typ da nicht dein Freund, sondern dein Bruder ist. Ich war so eifersüchtig, dass ich dir wehtun wollte. Ich war eifersüchtig, Tim«, erkläre ich mit komischer Stimme, denn auch die Worte, die ich da von mir gebe, sind ungewohnt. Eifersucht so etwas passte sonst nicht zu mir. Zumindest früher. Damals. In der anderen Zeit. Vor Tim.

Erneut quellen Tränen aus seinen Augen. Ich nehme meinen Daumen und streiche sie fort. Wie bei unserem ersten Mal.

»Hör auf zu weinen, Kleiner«, flüstere ich und selbst für mich klingt meine Stimme liebevoll und zärtlich. So ganz anders.

Markus' Stimme hingegen ertönt belustigt aus dem Hintergrund: »Oh, er kann manchmal echt eine Heulsuse sein.«

»Ich weiß«, sage ich lächelnd. Tim schnieft sofort auf und wischt sich rasch beschämt die Tränen fort.

»Idiot«, knurrt er, wobei nicht klar ist, wen von uns beiden er eigentlich meint.

»Hey«, versichere ich ihm. »Ich mag das.« Und ich ziehe ihn erneut in eine Umarmung.

Markus lacht mit einem Mal los: »Hast du echt geglaubt, wir wären zusammen im Bett gelandet?« Grinsend kommt er näher. Tim wirft ihm einen wütenden Blick zu.

»Sah zumindest so aus«, nuschelt er undeutlich an meiner Brust.

»So etwas kann auch nur dir passieren, Struppi.« Markus schüttelt noch immer lachend den Kopf und gibt Tim einen leichten Stüber, während er an uns vorbei ins Badezimmer geht. Tim läuft prompt rot an und sieht ihm verärgert hinterher. Ich beuge mich vor und nehme sein Gesicht in meine Hände.

»Soll ich dich etwa vor deinem bösen, großen Bruder beschützen?«, frage ich belustigt nach.

»Ja.« Er stellt sich auf die Zehenspitzen, zieht meinen

Kopf nach unten und küsst mich leidenschaftlich. *Holla, das kann er so gut.* Mir wird heiß. Von Markus ist ein übertriebenes Stöhnen zu hören.

»Ich gehe dann mal davon aus, dass ich als Erster ins Bad kann? Das dauert wohl bei euch beiden noch etwas, oder?« Wir ignorieren ihn völlig, versunken in unseren Kuss. Er brummt etwas.

»Aber eins stelle ich gleich klar. Hier wird nicht gevögelt. Nicht in meinem Bett«, erklärt er ernst. Ich muss nun doch lachen und Tim stimmt ein. Markus verschwindet schmunzelnd ins Bad.

Nachdem wir geduscht sind, frühstücken wir. Markus gibt sich Mühe. Ich merke schon, dass ihm die Situation nicht ganz behagt. Er wirkt bedrückt und nachdenklich. Ich kann es verstehen. Ich kann ihn nun so gut verstehen. Und er tut mir etwas leid. Ein ganz kleines bisschen. Aber da ich meinen Tim ganz für mich habe, hält sich mein Mitleid mit ihm doch in Grenzen.

Wir quälen ihn nicht so lange mit unserem Anblick, sondern nehmen ein Taxi zum Club, weil dort noch mein Auto steht. Danach geht es … natürlich zu mir.

Markus hat versprochen, seinem Vater Bescheid zu geben, dass Tim bei mir bleibt. Bis Sonntag. Wenn es nach mir ginge, für immer, aber dass werde ich seinem Vater wohl schonender beibringen müssen. Bei einer Tasse Tee zum Beispiel. Ich habe da ja eine Einladung bekommen.

Als wir an einem Penny vorbeikommen, bedeutet mir Tim, kurz zu halten und springt aus dem Auto.

»Sorry, muss ganz dringend was besorgen«, meint er, greift sich seinen Rucksack und ist verschwunden. Ich bleibe verwundert zurück. Mein Handy klingelt und im selben Moment fällt es mir ein: Es ist Samstag. 11 Uhr. Alex. Ich habe ihn schon wieder versetzt.

Missmutig nehme ich ab und lasse es über mich ergehen. Tim taucht nicht sofort wieder auf und so wird mein Telefonat mit Alex doch etwas länger. Und aufschlussreicher …

Schließlich taucht Tim auf, scheint sich köstlich zu amüsieren und packt seinen Rucksack nach hinten.

»Was war denn noch so wichtig?« Argwöhnisch mustere ich ihn, da er nur vor sich hinkichert.

»Wirst du schon sehen.« Er lacht und küsst mich auf die Wange. »Sei nicht so neugierig.«

Ich brumme vor mich hin und muss gestehen, dass mich seine Anwesenheit ziemlich heiß macht. Vor allem, wenn er sich dann noch so zu mir herüber lehnt. Puh! Ich muss es wenigstens bis in meine Wohnung schaffen. Zumindest bis ins Treppenhaus, nehme ich mir fest vor. Meine armen Nachbarn.

Okay, wir schaffen es schon irgendwie so halbwegs anständig durchs Treppenhaus, wobei man den Begriff »anständig« eventuell anders definieren muss. Tims T-Shirt bleibt in jedem Fall unten im Hausflur liegen und ich glaube einer meiner Schuhe, wenn nicht sogar beide, liegen da draußen auch irgendwo. Wer weiß, was noch alles. Egal.

Vor der Haustür habe ich auf jeden Fall bereits Tims Hose geöffnet und meine Hand ist schon dabei, ihn zu verwöhnen, während die andere verzweifelt versucht, gleichzeitig das Schloss mit dem Schlüssel zu treffen. Auch so eine Sache fürs Guinessbuch, oder?

Tim lässt meinen Mund nicht mehr alleine. Er küsst so gut, wahnsinnig heiß. Irgendwie geht die Tür auf und wir fallen in den Flur dahinter, ich unter ihn.

Meine freie Hand lässt den Schlüssel fallen und reißt an seiner Hose, die ja ohnehin schon offen steht. Tim stöhnt laut auf und seine Hände streifen hektisch mein Hemd hinunter. Ich schiebe ihn weiter in die Wohnung, nie vom ihm ablassend, und schaffe es mit dem Fuß die Tür zuzuschieben. Einen Live-Porno will wohl keiner meiner Hetero-Nachbarn hier sehen wollen, denke ich. Wobei … wir sind echt heiß!

Ich gewinne den Kampf gegen seine störrische Hose. Die Pants spielen brav mit und gehen freiwillig, bleiben nur in seinen Kniekehlen stecken, als er zwischendurch versucht sie loszuwerden. Egal.

Tim ist erfolgreich und ist mit dem Kopf tiefer gewandert, hat meine Hose geöffnet und zerrt sie bereits nach unten, während sein Mund küsst, was er eben gerade erreichen kann. *Holla!*

Heiß und feucht sind seine Küsse auf meinem Glied, meinen Hoden, meinen Leisten, meinem Bauch. Er ist nicht wählerisch. Und es ist wahnsinnig heiß. Ich vergesse, was ich tun wollte und ergebe mich in seine Küsse. Als meine Hand plötzlich aufhört, hebt auch er kurz den Kopf und sieht mich fragend an.

»Hör ja nicht auf«, raunze ich ihn an, lustvoll keuchend. »Mach weiter, mach um Himmels willen weiter.« Tim grinst und geht sofort tiefer. Meine Bewegungen werden fahrig, so sehr erregt mich, was er tut. Mein Glied schwillt an und pocht bereits gefährlich stark.

Wie schafft er das? Wenn er so weiter macht, komme ich hier und jetzt und das wäre ja nur der halbe Spaß. Kaum noch fähig rationell zu denken, greife ich in seine Haare und zerre ihn fast grob von mir.

»Hör auf.« Ich keuche und er sieht mich irritiert an. »Das halte ich nicht lange durch, Tim.«

Er lacht frech auf.

»Was denn nun?«, brummt er mit einem anzüglichen Grinsen. »Aufhören oder Weitermachen, du solltest dich entscheiden.«

Mir entringt sich nur ein gequältes Grollen: »Na, warte!«

Urplötzlich werfe ich mich auf ihn, begrabe ihn völlig unter mir und presse meine heißen Lenden an ihn. Mit ruckartigen Hüftbewegungen schiebe ich ihn vorwärts. Tim ächzt überrascht auf und versucht mich lachend von sich zu drücken.

»Du solltest das lieber erst in mir machen«, bringt er atemlos hervor. Seine Worte fahren mir wie ein Blitz in den Unterleib. Damit ist meine Selbstbeherrschung weggefegt. Seine Erektion reibt an meiner, ich liege auf ihm, mein heißer, voll erigierter Schwanz drückt gegen seine Körpermitte, tastet wild, sucht.

Ich will ihn sofort. Mein Verstand setzt aus, als ich mich tiefer schiebe und heftig stoßend den Eingang finde. Hart drücke ich mich in ihn und es wird mir erst bewusst, als er aufstöhnt. Kein lustvolles Stöhnen. Schmerzhaft.

Schlagartig ist mein Verstand wieder da. Ich Idiot will ihn gerade ohne Kondom, ohne Gel, ohne jede Vorbereitung vögeln. *Scheiße.* Er bringt mich echt um den Verstand. Sofort ziehe ich mich zurück.

Tim seufzt erleichtert: »Uh … das tat etwas weh.«

»Oh scheiße, das wollte ich nicht«, bringe ich ebenso erschrocken hervor. »Ich kann gerade nicht mehr klar denken, Tim. Du machst mich völlig irre.« Entschlossen stehe ich auf und ziehe ihn mit mir hoch. »Lass uns ins Bett gehen.« Ich ziehe ich ihn erneut in eine Umarmung und er fängt sofort an, mich zu küssen. Brust, Bauch, überall berühren mich seine heißen, geschwollenen Lippen.

Ich zerre ihn mit mir. Stolpernd folgt er, weil seine Pants ihm immer noch in den Kniekehlen hängen. Irgendwie schüttelt er sie aber ab.

Die Lust kehrt sofort zurück und ich lasse mich rückwärts mit ihm aufs Bett fallen. Tim richtet sich auf und schiebt sich auf mich. Er sitzt auf mir, unsere Schwänze berühren sich und wir reiben uns wohlig aneinander.

Kaum zu glauben, wie erregend das ist. Diesmal kommt das lustvolle Stöhnen von mir. Es ist eine ungewohnte Position, so unter ihm zu liegen, aber was sein Mund und nun sogar seine Zunge mit mir anstellen, ist genial, erregend, einfach fantastisch. Ich breite einfach die Arme aus und lasse ihn gewähren. Mein Glied zuckt, will mehr, will in diesen Körper, Tims Enge spüren. Andererseits will ich seine Berührungen jedoch so lange wie möglich genießen.

Seine Hände streichen über meine Seiten hoch. Ah, er weiß noch, wo ich empfindlich bin, denn er berührt meinen Hals, den Übergang zum Schlüsselbein, mit Fingern und mit Lippen. Ich rekle mich wohlig, genieße dieses Verwöhnen.

Wann hat das jemals jemand mit mir gemacht? Selbst in meiner einzigen »Beziehung« war immer ich derjenige, der gegeben hat. Und nun verwöhnt mich dieser süße kleine Kerl mit den irre blauen Augen, als ob er nie was anderes gemacht hätte. Stöhnend ergebe ich mich und schließe die Lider.

»Ist das gut so?«, flüstert Tim.

»Besser als gut«, stöhne ich.

»Okay«, kommt es zurück. Tim rutscht zurück. Ich will nicht, dass er die herrliche Hitze zwischen unseren Gliedern verändert und halte ihn fest.

»Nein«, keuche ich, mühsam beherrscht, den mein Penis verlangt jetzt vehement nach seinem Recht. Ich drehe mich mit ihm im Schoss um. Unsere Schwänze schlagen gegeneinander und nun entkommt auch ihm ein Stöhnen, welches mir den letzten Verstand raubt. Fast.

Noch einmal werde ich ihm nicht wehtun. Ich liege auf ihm, meinen Unterleib fest gegen Tim gepresst, der sich nun auch ruckartig zu bewegen beginnt. Oh, ja, wir könnten auch beide so kommen. Kein Problem. Und warum eigentlich nicht?

Ich schaue ihn kurz an, wie er mich erwartungsvoll ansieht, voll Lust und Verlangen im Blick, dann greift meine Hand zwischen uns, umschließt unser beider Glieder und beginnt die Reibung zu verstärken. Sein heißer, harter Schwanz an meinem ist so genial. Vor- und zurückschiebe ich die Vorhaut, verteile unsere Lusttropfen auf dem ganzen Schaft. Tim stöhnt auf und krümmt sich mir entgegen.

»Oh Mann, Mark«, entkommt es ächzend seinem Mund und er fällt zurück, drückt lustvoll den Rücken durch und presst sich fester an mich. Ich muss meinen Körper beherrschen, meine ruckartigen Bewegungen, verstärke ich einfach mit Handbewegung und stütze mich mit der anderen ab, sodass ich nicht mit zu viel Gewicht auf ihm liege.

Tim stöhnt noch lauter, seine Hände streichen fahrig über meinen Rücken, die Brust, suchen Halt, krallen sich kurz in meine Hüfte, lassen wieder los umklammern meine Schultern. Er krümmt sich zu mir, küsst mich unkonzentriert auf den Hals, beißt mich fast, als seine Zähne abrutschen, versunken in seiner Lust.

Ich komme und der Orgasmus reißt mich zuckend mit sich. Meine Hand, bleibt wo sie ist, macht weiter, bis ich auch von ihm den erlösenden Aufschrei höre. Er spritzt ab, seine Hände in meine Schultern gekrampft, den Kopf an meinen Hals vergraben.

Schwer atmend bleiben wir in dieser Haltung. Langsam löse ich meine Hand und lege meine Arme besitzergreifend um ihn.

»Mit keinem ist es so, wie mit dir, Tim«, hauche ich, noch völlig in meinem Orgasmus gefangen, in sein Ohr und küsse ihn auf die Ohrmuschel. Ich will ihn gerade einfach nur halten und spüren.

»Ich liebe dich, Mark«, kommt es plötzlich ganz leise von ihm. Worte, die mir tatsächlich durch und durch gehen.

Warum haben diese Worte eine solche Macht? Sie berühren mich tief in meinem Herzen, weil sie da … die gleichen Worte geschrieben finden. Liebe … fühlt sich das so an?

Vorsichtig lasse ich mich seitwärts gleiten und ziehe ihn mit mir, bis Tim halb auf und halb neben mir liegt. Seine Augen sind geöffnet, er blickt mich verknallt an.

»Ich habe mich in dich verliebt, als ich dich auf der Party gesehen habe. Ich wollte so sehr, dass du mich ansprichst und gleichzeitig hatte ich tierisch Angst davor«, gesteht er leise. »Ich bin fast umgefallen, als du dich neben mich gestellt hast und mich berührt hast. Deine Worte! Ich war sofort hart und hatte fürchterliche Angst, was falsch zu machen. Du wusstest so genau, was du wolltest, wie es geht. Nur ich nicht. Aber ich wollte es, ich wollte dich so sehr, dass es mir egal war, ob es nur einmal werden würde.« Seine tollen blauen Augen himmeln mich an.

»Markus hatte mich gewarnt, dass die meisten nur einen schnellen Fick wollen«, fügt er entschuldigend hinzu.

»Wollte ich auch«, bestätige ich und denke an den unsicheren Kleinen, der mir so mutig gefolgt ist und gebe zu: »Ich wollte dich gleich flachlegen, als ich dich gesehen habe.« Er hatte so was an sich, jetzt weiß ich es.

»Als du nackt vor mir standest, wollte ich dich unbedingt ficken. Dein toller Körper, du sahst umwerfend aus, unglaublich sexy in deiner Unsicherheit. Das hat mich total heißgemacht. Ich konnte mich kaum beherrschen. Wie vorhin. Du machst mich völlig irre. Ich hätte dich fast gezwungen, so geil war ich auf dich.« Ich schäme mich jetzt noch.

Tim richtet sich auf und fährt mir mit seinem Finger sanft durchs Gesicht, berührt meine Lippen.

»Aber du hast es nicht. Und dann warst du plötzlich so unglaublich zärtlich. Du hast mich überall geküsst und so. Ich konnte gar nicht mehr weg, ich wollte das alles einfach nur genießen. Es war total schön. So wie ich es mir immer vorgestellt habe«, seufzt er und fügt leise hinzu: »Es ist jedes Mal schön mit dir.«

Wir schweigen, genießen es einfach, nebeneinanderzuliegen.

»Ich habe deinen Vater kennengelernt«, rutscht es mir plötzlich heraus.

»Mmh«, brummt er fragend.

»Du hast Glück mit ihm«, seufze ich. »Mein Vater hat mir bis heute nicht verziehen, was ich bin. Er hat jeden Kontakt abgebrochen, bis ich wieder ‚normal' bin.« Ich lache bitter auf. »Nur meine Mutter spricht noch mit mir.« Ich genieße seine zarten Berührungen.

»Dein Vater ist klasse. Er hat mich zum Tee eingeladen«, ergänze ich und schmunzle Tim an. Der guckt überrascht und lächelt zaghaft.

»Du … musst aber nicht. Ich meine … wenn du nicht … willst«, stottert er und gibt sich einen Ruck: »Du musst nichts ändern, für mich.« Tim leckt sich flüchtig über die Lippen. »Ich meine, du kannst jeden haben, warum solltest du dann nur mit mir wollen. Ich … das ist okay für mich. Ich kenne das schließlich auch so von Markus. Er ist genauso wie du. Deshalb wollte ich wohl auch, dass du mich mitnimmst.«

Ich schaue ihn direkt an und erneut sprechen seine Augen mehr als die bloßen Worte es vermögen.

»Nein, Tim. Es ist nicht okay. Nicht für mich«, erkläre ich entschlossen und ich weiß, dass ich es wirklich auch so meine. »Und ich bin nicht wie Markus.«

Er lächelt zaghaft. »Heißt das … du … du …?«

»Ich möchte mit keinem anderen mehr ins Bett gehen, als mit dir Tim«, erkläre ich ernsthaft. Ich lüge nie. Ich bin immer ehrlich.

Sein Gesicht erstrahlt. Ich kann es nicht anders beschreiben. Er strahlt von innen heraus. Ist das die Liebe? Muss wohl sein, denn die Strahlung durchdringt mich und erwärmt mein Inneres ebenso.

»Aber … aber … warum? Ich … ich bin …«, haucht er perplex.

»Du bist das Beste, was mir je untergekommen ist.« Das meine ich wirklich wortwörtlich. Er schaut immer noch ungläubig. Ich seufze und grinse ihn an: »Wenn ich ab jetzt immer das Beste haben kann, wieso sollte ich mich dann mit etwas Zweitklassigem abgeben?«

Tim lächelt zurück und abermals ist da dieses wundervolle Gefühl in mir.

»Ich dachte schon, ich müsste immer eine Nummer ziehen, wenn ich mal bei dir landen möchte«, gibt er grinsend zurück. Ich umfasse sein Gesicht und schaue ihm wirklich tief in die Augen.

Ach so, das ist damit gemeint. Ja, das geht wirklich tief hinein … da versinkt man ja drin.

»Dieses Bett ist nur für die Nummer fünfzehn reserviert, solange du mich willst«, erkläre ich heiser. Und sein zarter Kuss ist Antwort genug.

Plötzlich löst er sich glucksend lachend von mir: »Moment, ich habe noch was für dich.« Erstaunt schaue ich zu, wie er vom Bett springt, in den Flur läuft und mit seinem Rucksack zurückkommt.

»Aber du musst erst die Augen zumachen«, verlangt er grinsend. Ich ziehe die Augenbrauen hoch und schaue misstrauisch.

»Was hast du vor?«

»Vertraust du mir?«, stellt er die Gegenfrage, krabbelt aufs Bett, zieht seinen Rucksack mit sich und setzt sich rittlings auf meine Brust.

»Sollte ich das?«, knurre ich durchaus interessiert, was er vorhat.

»Ja«, haucht er und küsst mich. Oh Mann, wie soll ich ihm da widerstehen können?

»Okay.« Ich schließe die Augen, höre, wie er seinen Rucksack öffnet und Plastik raschelt. Was macht er da bloß? Der Rucksack fällt neben dem Bett auf den Boden.

»Okay, machst du jetzt mal den Mund auf?«, fragt Tim kichernd und setzt sofort nach: »Aber die Augen bleiben geschlossen.«

Was hat er nur vor? Langsam werde ich neugierig und mache deshalb brav den Mund auf. Mal sehen, was er sich hat einfallen lassen. Dann spüre ich etwas Weiches an meinen Lippen, beiße hinein und öffne nun doch überrascht die Augen. »Erdbeeren?« Verblüfft schaue ich ihn an und endlich begreife ich, als Tim laut auflacht und mir sofort eine weitere in den Mund schiebt.

»Für den besseren Geschmack.« Er lacht anzüglich und ich spüre, wie sich mein Schwanz schon wieder regt. *Du kleiner, verruchter Kerl.*

Meine Hände gleiten an seinen empfindlichen Seiten entlang. Tim krümmt sich und ich habe keine Gnade mit ihm, kitzle ihn durch. Die Erdbeerschale entgleitet seinen Händen und fällt auf mich, überall sind Erdbeeren, während er sich lachend unter mir windet. Ich greife mir eine, nehme sie zwischen die Lippen, beuge mich zu ihm hinunter und füttere ihn mit der Erdbeere. Er nimmt sie willig an.

Oh Mann ist das erotisch. Warum bin ich nie auf solche Spielchen gekommen? Wieso hat mir niemand gesagt, was das für Spaß macht?

»Ein paar hast du jetzt aber schon plattgedrückt«, meint Tim und lacht leise. Ich nehme eine der unglücklichen

Beeren, presse sie ihm auf den Bauch, zerdrücke sie, bis der Saft austritt. Dann beuge ich mich vor und lecke sie genüsslich ab.

Wow, klasse. Tims Blick verklärt sich und er keucht kurz auf. Plötzlich schiebt er mich zurück und schüttelt den Kopf: »Nein, das war meine Idee. Jetzt bist du daran.« Und ich lasse mich von ihm tatsächlich aufs Bett zurückdrücken.

Irgendwo unter mir sind auch noch Erdbeeren, eigentlich sind sie überall, aber das wird völlig unwichtig, als Tim eine nimmt und damit über meinen Körper fährt. Sanft drückend, bis sie Saft abgibt. Er beugt sich vor und leckt diesen ab, küsst mich und beginnt das Spiel erneut. Wieder und wieder stöhne ich auf, schließe die Augen und genieße, was er da mit mir macht. *So ein unglaublich toller, kleiner Kerl.*

Überrascht keuche ich auf und öffne die Augen. Er hat ein paar zerdrückte Erdbeeren in die Hand genommen und reibt damit an meinem härter werdendem Glied entlang. »Was tust du?« Das ist angenehm erregend.

»Ich will nur, dass du besser schmeckst«, murmelt Tim, beugt sich gleich darauf hinab und nimmt mich in seinen Mund auf. Das kommt so unerwartet, dass sich mir ein leiser Aufschrei entringt. Geschickt benutzt Tim seine Lippen und Zunge und verwöhnt meinen Schwanz. Er leckt hoch, bis zur Eichel, umspielt mit der Zunge meine Vorhaut und gleitet wieder tiefer.

Wow! Wow! Wow!

Klar, er ist noch ein bisschen unerfahren, aber er lernt verdammt schnell. Schon fühle ich, wie es in meinen Hoden prickelt. Zusätzlich benutzt er seine Hände und stimuliert mich, wo immer er weiß, dass ich empfindlich bin. Gerade eben quetsche ich noch eine Warnung hervor. »Tim, ich … komme.« Aber er hört nicht auf, als sich alles zusammenzieht und der Vulkan in mir ausbricht. Tim zuckt kurz zurück, und ich ergieße mich nun doch in seinen Mund.

Etwas erschrocken ziehe ich mich hoch, während mein Körper noch zuckt, und gleite aus seinem Mund. Sperma tropft ihm von den Lippen und vom Kinn. Tim lächelt und leckt es weg. Er greift nach einer verlorenen Erdbeere, nimmt sie mit einer ungeheuer sinnlichen Geste in den Mund und zerdrückt sie, leckt sich den tropfenden Saft von den Lippen und die herunterfallenden Tropfen von meinem erschlafften Glied und Bauch.

Das ist fast zu viel. Aufstöhnend, überwältigt von den irren Gefühlen, lasse ich mich zurückfallen und schließe die Augen. Was macht er nur mit mir? Das sind so viele unbekannt Gefühle, die mir regelrecht Angst machen. Sie sind so intensiv.

Ich spüre, wie Tim sich neben mich legt. Seine Stimme ist dicht an meinem Ohr: »Ich sage doch, mit Erdbeergeschmack ist es besser.« Auf meinem Gesicht breitet sich ein breites Grinsen aus.

Er ist unglaublich.

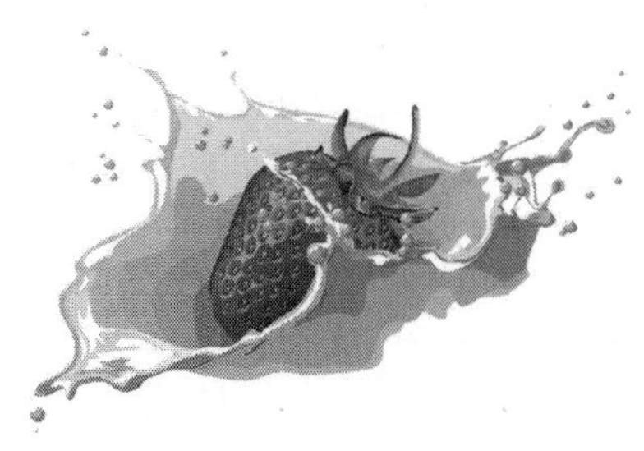

Zu jedem Topf passt ein Deckel

Sonntagmorgen, der 29.

Absolut keine Ahnung wie spät. Ist mir auch egal.

Tim liegt in meinem Arm, dicht an mich gekuschelt. Wenn die Welt jetzt stehen bleibt, habe ich da rein gar nichts dagegen. Für immer.

Aber die Welt hat ja noch nie auf mich gehört. Warum also heute Morgen, wo die Sonne hereinscheint, ich hier inmitten zerdrückter Erdbeeren, diverser Spermaspuren und Gel und mit meinem Tim im Arm liege, der sanft schläft.

Ich muss mich korrigieren: Ich assoziiere in Zukunft nicht nur Rosen mit Tim. Nein, auch Erdbeeren. Ich schmunzle, wenn ich an sein wundervolles Liebesspiel von gestern denke. Geschlafen haben wir nur einmal wirklich miteinander, aber das besorgt mich nicht, denn der Sonntag ist ja noch lang.

Tim rührt sich. Seine Lippen bewegen sich und er scheint fast im Schlaf zu sprechen. Träumst du von mir, Kleiner? Will ich doch hoffen. Ebenso, wie du in meinen Träumen warst. Habe ich mich je gefragt, wie man immer nur mit ein und demselben schlafen kann? Ich kann mir derzeit nicht vorstellen, jemals wieder mit einem anderen Mann zu schlafen. Wer sollte dem Vergleich auch standhalten? Mit ihm ist es eben wirklich irgendwie anders.

Abermals bewegt er sich und ich kann nicht anders, hauche ihm einen Kuss auf die Stirn. Sofort schlägt er die Augen auf. Blaue Augen. Augen, die mich immer wieder faszinieren.

»Na du, kleine Schlafmütze«, begrüße ich ihn liebevoll. Tim brummt irgendwas Unverständliches und rollt sich dichter an mich heran. Ich zupfe ihm den Rest einer Erdbeere von der Hüfte und schmunzle, während ich sie mir in den Mund stecke. Er beobachtet mich dabei.

»Schmeckt so süß, wie du mein Kleiner«, genieße ich und sauge die Lippen ganz ein.

»Bin gar nicht so klein«, brummt er verschlafen. Ich lächle und streichle ihm sanft über die Seite, woraufhin er sofort wohlig erschauert.

»Stimmt«, bestätige ich und lasse meine Hand tiefer wandern, streichle seine weiche Haut im Schritt, woraufhin er leise stöhnt und sich etwas zusammen krümmt.

»Wenn man nicht auf die Körpergröße sieht, bist du gar nicht so klein«, stelle ich fest und mein hämisches Grinsen lässt ihn aufschauen. Mein Blick wandert weiter und ich schnalze mit der Zunge, während ich ihn weiter streichle. »Ah und du wächst offensichtlich noch.« Ich kann kaum an mich halten, als sein Glied sich sichtlich versteift. Tim ächzt, während ich ihn zu pumpen beginne. Was für eine Morgenlatte.

»Spinner«, stößt er hervor. Okay, er ist wach genug, dann wollen wir mal wieder, denn nicht nur er wird steif. Ich auch.

»Ich vernasche dich einfach zum Frühstück mit allen Erdbeeren, die ich noch so an dir finde«, verspreche ich ihm. Tim stöhnt, dreht sich bereitwillig auf den Bauch und spreizt die Beine.

»Na los«, fordert er mich auf. »Ich will auch noch Frühstücken, wenn du satt bist.« Das Bett ist eh schon völlig versaut, soll sich die Wäsche wenigstens wirklich lohnen. Auf zum ersten Frühstück des Tages.

Später sind wir wieder am Frühstücken. Jetzt wirklich. Brav am Tisch, mit Tee und Brötchen, Marmelade und Nutella. Zumindest ich mag Nutella. Tim hat nur angeekelt das Gesicht verzogen und sich lieber an die Marmelade gehalten. Erdbeermarmelade. Davon kriegt er nicht genug. Ich auch nicht, denn ich lecke sie ihm immer wieder von den weichen Lippen, wenn wir uns zwischendurch küssen.

Ob er sich vorstellen kann, hier bei mir zu leben? Kann ich es mir vorstellen? Ich bin mir so unsicher. Es ist alles neu und beängstigend. Tim geht noch zur Schule. Okay, nicht mehr lange.

Was dann? Will er studieren? Wird er hierbleiben oder woanders hingehen? Allein der Gedanke daran versetzt mir Stiche. Wie wird es in Zukunft aussehen. Das macht mir Angst, denn ich kann nichts mehr planen. Nichts ist so einfach wie zuvor. Ich seufze.

»Was ist?«, fragt er nach. Ich lächle ihn an, verbanne jede Unsicherheit aus meinem Gesicht.

»Es ist schön mit dir. Es ist toll neben dir aufzuwachen, dich im Arm zu halten und mit dir zu frühstücken. Ich überlege mir gerade, ob ich das nicht immer will.«

Tim schaut freudig überrascht: »Wirklich?« Ich nicke nur.

»Muss ich dafür bei deinem Vater um deine Hand anhalten?«, frage ich scherzhaft.

»Wir wollen doch gar nicht heiraten«, wirft Tim erschrocken ein. »Oder?«

»Nein, ich möchte nur mit dir zusammenleben. Für eine sehr lange Zeit.« Aus wunderschönen Augen sieht er mich ungläubig an und öffnet den Mund..

Wir werden leider von meinem Handy unterbrochen. Irritiert ziehe ich es hervor. Arne. Was will der denn von mir, um diese Uhrzeit, es ist … Moment … nach 12 Uhr. Zögernd gehe ich ran.

»Hey, Mark«, begrüßt er mich. »Bist du schon wach genug für Neuigkeiten?«

»Moin Arne. Kommt drauf an. Was ist los?«

»Ich muss dir unbedingt was erzählen. Du wirst es mir nicht glauben, aber ich muss dass jetzt loswerden.« Seine Stimme klingt freudig erregt. Ich schaue misstrauisch aufs Handy.

»Ich sehe dich die Stirn krausen«, bestätigt Arne, der hellsehen kann. Zumindest manchmal. »Hör einfach zu, okay. Ich muss das nur jemandem erzählen, sonst drehe ich hier noch durch.«

»Bist du im Laden?«, frage ich nach, denn ich höre Hintergrundgeräusche.

»Ja«, bestätigt Arne. »Habe bis 12.30 Uhr auf. Aber jetzt setz dich und hör einfach zu. Und Mark? Keine blöden Kommentare, bis ich fertig bin, okay?« Ich grunze bestätigend und verdrehe etwas die Augen zu Tim, der neugierig herüberschielt.

»Also, heute Morgen kommt hier ein Typ rein, völlig alle von letzter Nacht, sage ich dir. Er sah echt fertig aus. Er hat sich einen Latte und ein Schinkenbagel bestellt. Mann, der sah so deprimiert aus, dass ich einfach gefragt habe, was los ist. Der schaut mich an und ich sag dir, der hatte Augen. Ich war völlig weg. Tiefblau. Irre. Und dann habe ich ihn erkannt. Das war dieser Traumtyp, der mit dem Kleinen rumgemacht hat. Weißt du, der mit Bernd losgezwitschert ist. Auf der Party neulich. Erinnerst du dich?«

Meine Augenbrauen wandern höher und ein leichtes Lächeln umspielt meine Lippen. Ich brumme etwas Zustimmendes und lausche nun deutlich interessierter.

»Also er sah echt müde aus, aber diese Augen haben voll geleuchtet. Ich weiß, du glaubst ja nicht an so etwas, aber ich habe mich sofort in ihn verguckt. Er hat wohl seinen Freund gerade an einen anderen verloren. Zumindest hat er so etwas gesagt. Unerreichbare Liebe und so.

Und das es irgendwie wohl doch nicht immer nur um Sex gehen sollte. Ich habe einfach nur zugehört, weil, er sah so klasse aus. Und er brauchte wohl jemanden zum Reden. War auch gerade nicht viel los im Laden. Er sieht dir irgendwie ähnlich. Der hat tolle Muskeln, sage ich dir. Und groß ist er, größer als du und sieht … ach einfach klasse aus.

Ich habe ihm also zugehört. Er war ziemlich deprimiert, glaube ich. Und ich habe nur gesagt, dass es für jeden Topf einen Deckel gibt, irgend so ein blöder Spruch eben. Da schaut er mich doch an und lächelt. Wow. Das ging mir durch und durch …«

Ich unterbreche ihn, denn das ist nicht ganz der Arne, den ich kenne. »Moment, Arne. Du hast dich verguckt? Aber du bist doch mit diesem Bürotyp, Mich … Math … irgendwas zusammen. Hast du mir nicht neulich noch davon erzählt?«

»Ach der«, kommt es abfällig von Arne. »Der war so steif in allem, nur im Bett nicht, da hat er kaum einen hochbekommen. Wir haben es letzte Woche beendet. Passte einfach nicht. Aber nun hör doch mal einfach zu, ja? Also er schaut mich an und lächelt und legt mir doch tatsächlich die Hand auf meine und fragt mich nach meinen Namen. Und ob ich Lust hätte, mit ihm auszugehen. Aus-zu-gehen! Nicht ins Bett. Der hat mich ins Kino eingeladen. Kannst du dir das vorstellen?«

Ja und Nein. Ich grinse immer breiter und schaue zu Tim herüber, der sichtlich gespannt ist.

»Er hat dich ins Kino eingeladen, okay«, bestätige ich die Info.

»Ja. Oh Mark, der sieht so gut aus! Er arbeitet in einem Fitnessstudio und das sieht man. Markus heißt er. Und er hat mir seine Telefonnummer gegeben und holt mich in ein paar Stunden hier ab. Ist das irre?«

Ich muss jetzt wirklich an mich halten, um nicht loszuprusten. Auch Tim zappelt herum und wirft mir fragende Blicke zu. Ich kann kaum mein Lachen unterdrücken und zwinge mich: »Klasse. Arne klingt doch super«, zu sagen. Es klingt, als ob ich gerade anders beschäftigt wäre.

»Alles okay, bei dir?« Sofort wird Arne misstrauisch. »Du klingst komisch.«

»Alles okay, ich bin nur nicht alleine«, bestätige ich mit einem Blick auf Tim, der mein Gesicht mustert, das vor unterdrücktem Lachen, rot angelaufen ist.

»Ah«, macht Arne. »Na, dann störe ich mal nicht weiter. Wollte nur … Ich erzähle dir dann später, wie es war.«

»Klar. Auf jeden Fall. Gerne«, presse ich grinsend hervor

und gerade, als er auflegen will, schiebe ich noch hinterher: »Und Arne? Er ist wirklich groß, überall! Viel Spaß.« Ich lege rasch auf, bevor er etwas sagen kann, und brülle los vor Lachen.

Tim schaut erstaunt und sichtlich belustigt zu mir hinüber und wartet, bis ich mich beruhigt habe.

»Arne … Markus … Ich …«, bringe ich heraus, bis mich erneut ein Lachkrampf schüttelt. »Mein Freund Arne ist gerade von einem absoluten Traumtyp ins Kino eingeladen worden. Von Markus, um genau zu sein.« Ich lache erneut los, auch wenn Tim nicht einstimmt.

»Markus hat jemanden ins Kino eingeladen?«, fragt er misstrauisch nach. »Das macht er sonst nur mit mir.« Ich grinse ihn an.

»Auf jeden Topf passt wohl ein Deckel«, wiederhole ich Arnes Worte. Markus und Arne. Ja, aber warum nicht? Arne war eh schon immer heimlich in mich verliebt. Das habe ich schon lange vermutet. Klar das ihm Markus gefällt. Na, da bin ich aber gespannt.

Tim sieht zweifelnd aus. Wahrscheinlich ist es auch für ihn ungewohnt, dass sein Bruder eben nur noch sein Bruder sein wird. Ich ziehe ihn zu mir heran und streiche über seine Wange, bevor ich ihn küsse. »Bin ich genügend Ersatz, für deinen Bruder?«

»Du bist kein Ersatz«, schnaubt er empört. »Warst du nie. Wir waren nur all die Jahre immer füreinander da. Ich … er hat mir total geholfen und … er ist etwas mehr als ein Bruder.«

»Weiß ich«, erkläre ich leise. »Markus hat es mir gesagt.« Tim schaut mich erstaunt an.

»Hat er? Oh.« Er wirkt verlegen. »Aber … aber Mark. Du bist doch ganz anders, als er. Du bist … einfach … ich«, stammelt er und schaut mich betroffen an.

Mein Kleiner, so unsicher wie ich ihn beim ersten Mal erlebt habe. Er braucht nichts zu erklären. Es ist, okay, so wie es ist. Markus wird bei ihm immer einen besonderen Stellenwert haben und das macht mich nicht einmal eifersüchtig. Nicht mehr.

Wir schweigen eine ganze Weile, uns nur zärtlich küssend.

»Was wollen wir den heute noch machen?«, fragt Tim plötzlich unternehmungslustig.

»Also ich würde dich gerne den ganzen langen Sonntag einfach nur im Arm halten«, meine ich schmunzelnd.

»Wie, nur im Arm halten?« Tim guckt enttäuscht. *Oha, Kleiner. Dir schwebte da wohl was anders vor? Mir auch.*

»Ja klar«, meine ich grinsend und meine Hände wandern über seinen Rücken. »Irgendwas müssen wir doch auch mal dazwischen tun oder?«

»Dazwischen?«, fragt er, bereits verstehend, nach. Ich schnappe ihn mir einfach und werfe ihn mir über die Schulter.

»Zwischen heißem, hemmungslosen Sex, natürlich! Was denn sonst?«

Tim lacht auf und wehrt sich nur halbherzig, als ich ihn ins Schlafzimmer schleppe und einfach aufs Bett werfe. Rasch bin ich über ihm und beginne ihn zu küssen.

»Was wird denn jetzt aus deiner Wette?«, fragt er außer Atem. Ach ja, die Wette. Ich grinse.

»Hatte ich schon verloren, als ich dich traf«, erkläre ich und ergänze: »Als aus Nummer fünfzehn a, b und mehr wurde.«

»Ist das schlimm?« Ich sehe ihn an und lege den Kopf schief.

»Nun, ich verliere meinen mühsam aufgebauten Ruf und mir entgeht einiges an schnellem, bedeutungslosen Sex. Und ja, ich werde das versprochene Auto nicht bekommen. Aber, was soll es. Ich habe ja dich, meinen Ferrari«, resümiere ich.

»Wirst du das nicht irgendwann bereuen?«, fragt er unsicher, aber lächelnd nach. Ich schüttle den Kopf. *Frag mich das in ein paar Jahren.*

»Außerdem hat Alex eingeräumt, dass auch mehrfach Sex zählt.« Ich grinse anzüglich und erinnere mich an mein klärendes Gespräch mit ihm. »Also liegt es jetzt nur noch an dir.«

Tims Augen werden groß. »Was? An mir?«

»Na ja. Wir müssen also nur noch acht oder neunmal schaffen. Also sollten wir gleich anfangen, meinst du nicht?« Ich streichle seine empfindlichen Seiten und beobachte verzückt seine Reaktion.

»Wird ein langer harter Tag und eine heiße Nacht für uns«, verspreche ich grinsend.

»Oh Mann«, stöhnt er und windet sich bereits. »Ich hoffe nur, du hast genügend Penatencreme da« Ich lache laut auf. *Ja, habe ich. Keine Sorge, Kleiner.* Und … na ja …

»Vielleicht sollten wir zwischendurch mal wechseln«, hauche ich ihm ins Ohr und verabschiede mich endgültig von dem alten Mark Benedikt, der kopfschüttelnd und sich die Haare raufend abhaut.

»Du meinst …?« Seine Augen sind riesengroß.

Ich nicke bedächtig.

»Aber du … du hast doch gesagt, das du nie …«, bringt er verblüfft hervor.

»Nicht von jedem«, bestätige ich und lächle ihn wirklich und eindeutig verliebt an. Ich weiß es. Und ich finde es okay.

Morgen ist der 30. und alles ist wunderbar. Zeit für Veränderungen.

»Ich lasse mich ja auch nur von dir ficken, Tim …«, raune ich ihm zu und seufze zufrieden auf.

Alles irgendwie ganz anders.

Und alles gut.

ENDE

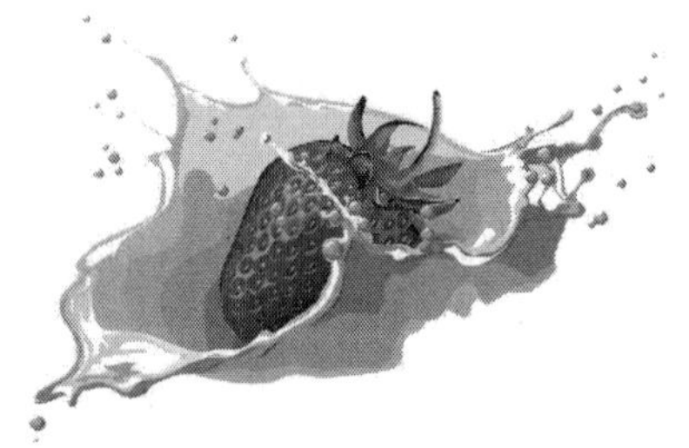

MAIN Verlag

Chris P. Rolls

Irgendwie Top

ISBN: 978-3-95949-220-1

Markus ist ein Jäger – willige Männer seine Beute. Jedes Wochenende macht er die einschlägigen Clubs unsicher. Er liebt den Kitzel der Jagd, bis zu dem Abend, an dem er Alex begegnet und in diesem eine Beute findet, die völlig unerreichbar erscheint. Denn Alex ist ein Top – in jeder Hinsicht ebenbürtig. Ein prickelndes Spiel beginnt, bei dem nicht klar ist, wer am Ende wen erlegt.

Chris P. Rolls

Lions Roar

ISBN: 978-3-95949-221-8

Alex Rotkamp, ehemaliger Pornostar und Model, betreibt Sex als Kunstform, stets auf der Suche nach Perfektion. Er arrangiert die Situationen wie im Film: Inszenierungen aus Licht, Schatten und Lust. Während eines Besuchs im Gaytronic trifft er auf Markus, in dem er einen ebenbürtigen Gegner wittert. Das Spiel der beiden wird jedoch bald intensiver als gedacht, und Alex entgleitet zunehmend die Kontrolle.

Die „Irgendwie Reihe" beinhaltet mittlerweile drei Bände: Irgendwie Anders (Mark und Tim) Irgendwie Top (Markus und Alex) Lions Roar (Alex und Markus, Irgendwie Top aus Alex' Sicht)

Chris P. Rolls

Irgendwie Poolparty

ISBN: 978-3-95949-219-5

Zu einer besonderen Poolparty laden Alex und Markus ein: den 1. Poolympischen Spielen in ihrem Bananenpool. Und wenn Alex so eine Party organisiert, dann sind die Spiele ebenso speziell wie die Gastgeber. Viel Spaß dabei!